Small Company Selection
小さな会社応援選書！

社員が健康になると、業績は必ず伸びる！「健康経営」の教科書

一般社団法人 日本健全経営協会
代表理事
佐々木隆之

Clover
クローバー出版

はじめに――会社が倒産しないために、何が大事か？

中小企業庁のデータによると、1年で約3割、3～5年で4～6割の会社が廃業に追い込まれています。

10年以上続く会社は1割にも満たない。

現在、経営者は過酷な環境で会社を存続させています。

税理士として、何百社もの経営を見てきました。苦しんでいる会社、永続しない会社には、共通の理由があります。

それは**「筋道（道理）＝きれいごと」が欠落しているこ**と。

つまり、金儲けに奔《はし》っている会社です。

渋沢栄一の「論語（道徳）」と「算盤（経済）」。

異質な2つを両立させ、新しい価値を生むことを意味します。

廃業する会社は、

・論語（道徳）がまったくない

または

・論語（道徳）＜算盤（経済）

です。

「経営」とは、そもそも仏教用語が起源。

経：筋道（道理）を通すこと

営：行動に表すこと

皆さんの筋道（道理）って何でしょうか。

・金儲けと節税ばかりに目を向けて、自分の私腹を肥やすこと？

・他人の幸せを追求し、自分自身の存在意義を高めること？

・人としての天命を探し、人生を全うすること？

もちろん正解はありません。

重要なのは、社長自身がどうしたいのか？　それを行動に表すのが「経営」です。


私は税理士として、33歳で独立開業しました。

今振り返ると、当時の私の頭の中は、地位・名声・権威・権力・お金の「我欲」のみで、健康などまったく頭の中にありませんでした。


事業が成長すると共に、その我欲も膨れ上がります。

喫煙、暴飲暴食、お構いなし。貧乏と病気は俺には関係ない！　という傲《おご》りと共に、心身は蝕《むしば》まれていました。


そして38歳のとき。

興味本位で受診した人生初の脳ドック。

「脳梗塞」の診断を受けます。


信じられなかった。

信じたくもなかった。

身体が徐々に動かなくなっていくことを想像しました。全ての記憶・思い出が消えることを想像しました。そして、全てを失うことを覚悟しました。

このときに湧き出た感情、
・今の自分を得るために、これまで生きてきたのか？
・地位・名声・権威・権力・お金、どうでもいい。
・自分の幸せって何？

たくさん悩みました。

たくさん迷いました。

そして、原点回帰することにしました。

〇税理士を目指したときの気持ち

「日本を支える中小企業経営者の役に立ちたい」

〇わが社の企業理念

「１００年続く企業へと　共に歩む」

〇自分が生きる目的

命ある限り、人から感謝をいただける自分であること。
感謝とは、人の役に立つことでいただけるもの。
人と絆をつくり、つながること。
仕（つかえる）事ではなく、志（こころざし）事。

もっと生きたい。
もっと自分を大事にしたい。

もっと自分を成長させたい。
もっと人の役に立ちたい。

それから私は、人生で初めて、「健康」というものに意識を向け始めました。
早寝早起き、食生活の改善、過度な飲酒を避け、ヨガ、栄養療法、格闘技、自律神経の強化……。

そして、**脳梗塞は消えました。**

それどころか健康を強く求める中で、社長としての「希望」と「活力」が湧き起こってきました。

「どうしたら社員をもっと幸せにできるのか？」
「どうしたらお客様をもっと幸せにできるのか？」
「どうしたら日本に希望と活力を取り戻すことができるのか？」

「どうしたら次世代により良い未来をつなぐことができるのか？」

私は、**自分自身の体験を通じて、人は「健康」でさえいれば、希望と活力に満たされた人生にできる！　縁ある人たちを幸せにできる！　ワクワクする未来を創造できる！　と確信しました。**

この確信こそが、私が２０２１年７月に設立した「一般社団法人　健康経営協会」の原点です（現在、一般社団法人　日本健全経営協会）。

「健康経営」とは、働く人たちの健康管理を経営的な視点で考え、戦略的に実践することです。

つまり、企業は社員の健康保全・増進のためにお金を使いましょうというもの。

利益を社員の健康のために使います。

健康経営を導入した企業は、

①社員が健康になる　↓　笑顔、希望と活力が生まれる
②社員のエネルギー向上　↓　売上・利益の向上
③社内環境向上　↓　採用力UP・離職率DOWN

などの変化が起きています。コロナ禍という状況にかかわらず、毎年業績を向上させている企業が多数あります。

お客様を幸せにするのは社員ですから、社員が幸せになれば、お客様を幸せにできます。

反対に、社長がお客様ばかりに目を向けていたら、社員を幸せにはできません。

社員が健康・幸せになり、業績が向上するのであれば、健康経営をやらない理由はない！　と思うところですが、組織内での導入は容易ではありません。

個人差はあると思いますが、健康管理というのは非常に大変な取り組みです。

私自身もそうでしたが、健康に無頓着な人たちが大半だと思います。

健康管理とは、まさに「人財育成」の一環です。

そもそも社長が、
・煙草を吸っている
・運動習慣がない
・だらしない身体
などであるとしたら、社員の見本にはならない。

健康経営を推進する第一歩は、まずは社長自身が見本となることです。

私は自分の会社の中で、一番健康だと自信を持っています！
※なんと、先日の血液検査では、生物学的年齢がマイナス24歳の20歳と診断されました！
社長が健康的で、社員と共に健康になりたい！　と覚悟を決めたときがスタートです。

あとは、何が何でもみんなで健康になることを強く思い、ワンマン経営で引っ張っていく。

社員の健康志向を変えるためには、社長のリーダーシップが必要不可欠です。

「会社が倒産しないために、何が大事か？」

結論！

まず社長が心身共に『健康』であれ！

中小企業にとって社長の健康は、言うまでもなく会社のエネルギーです。
会社の生死を決める生命線。会社を牽引するワンマン経営の源。

社長が元気になれば、業績は必ず伸び続けます。
元気な会社は、この先行きの見えない世の中にとって、日本社会の貴重な存在です。

本書では、
①中小企業が生き残るための「経営の真髄」とは？

②業績不振を乗り越える「健康経営」
③これからの時代を生き抜く
　について記載しています。

この本をきっかけに、皆さんの会社に笑顔と活力が増え、働く社員がたくさんのお客様を幸せにしながら、業績向上していくことを願っております。

経営という最大の社会貢献を、共に楽しみましょう！

佐々木　隆之

「健康経営」の教科書◉目次

第1章 中小企業が生き残るための「経営の真髄」とは？

1 社長が本当に向き合うことは、これだ！

2 ワンマン経営で未来を駆ける

第2章 業績不振を乗り越える「健康経営」

1 「健康経営」が会社を救う

第3章 これからの時代を生き抜く

1 事業は人なり

第1章

中小企業が生き残るための「経営の真髄」とは？

1

社長が本当に向き合うことは、これだ！

①生き残りをかけて、社長は柔軟に闘い続ける

今後の日本について、何を思いますか？

多くの人は悲観的な観測しか持っていないと思います。

一番の問題は、言うまでもなく「超高齢社会」です。

日本の出生率が上がらず、２０６０年には、約２・５人に１人が65歳以上になると予測されています。


誰が稼ぐのか？

誰が老人や子供を養っていくのか？

少子高齢化により、働く人たちの社会保障費は年々増加し、増税も避けられません。人口減少により、経済規模は縮小していきます。これは未来に起こり得ることとして理解しておかなくてはなりません。

そして、コロナ禍。日本も他の国々と同様に、新型コロナウイルスの感染拡大に苦しみました。政府は緊急事態宣言を発令し、社会的距離を保つよう呼びかけていましたが、その副作用として、多くの企業が倒産してしまいました。

このような状況の中で、皆さんは何を思い、経営を展開するか？

ここが重要なポイントです。端的にお伝えします。

○強い社長
○高い志を持っている社長
○自己研鑽し続ける社長

こういう社長しか生き残れない。

日本の経済成長などとっくに終わっており、新たな経済や価値をつくり上げることができる会社しか、生き残れない時代になっています。

日本はこれまでにも困難な状況を乗り越えてきた歴史があります。現在も、政府や民間企業による様々な取り組みやイノベーションが進んでいます。例えば、人工知能やロボット技術の発展、再生可能エネルギーの普及などがその一例です。また、政府は働き方改革や外国人労働者の受け入れなど、社会的な変革も進めています。

日本は再び活気ある国を目指して、このような努力を継続していかなくてはなりません。それには、経済を支える中小企業の社長一人ひとりが、自分たちにできることを考え、行動することが必要なんです。

そのため、社長は、どんな時代であっても、どんな状況であっても、

○イノベーション（会社が提供する価値の創造と変化）
○マーケティング（会社が提供できる価値の発信と伝達）

を繰り返しながら、生き残りを懸けて会社を存続させなければなりません。

会社がなくなってしまったら、たくさんの人たちが職を失います。**会社は、社会の救済装置でもあります。雇用を生み出し、糧《かて》、やりがい・生きる目的、居場所を社員に提供しながら、共に価値を創造し、お客様のお役に立ち、世の中を豊かにする大事な装置だと思っています。**

社長がデフレやコロナ禍を業績悪化の言い訳とした瞬間から、会社は赤字から立ち直ることができなくなります。それどころか、倒産の道を歩み始めます。ですが、**もし社長が現状を克服するための斬新なアイデアを持っていたら、会社は存続の可能性があるかもしれません。**例えば、オンラインビジネスへの転換、テレワークの導入、顧客ニーズに合った新商品の開発など、様々なアイデアが考えられます。

社長はどんな時代でも、どんな状況でも、闘い続けなければなりません。

ただし、それには単に固執するだけではなく、新しいアイデアを探し続け、柔軟に対応しなければなりません。

日本には、過去の功績から生まれた既得権益を守るために、産業構造改革・雇用の流動化・事業のイノベーションを促進することができなかったため、厳しい状況が続いているという見方があります。

私は、これだけでは原因を十分に説明できないと思います。たしかに、人間は幸せになるために生まれてきました。しかし、幸せを得るためには、成長が必要不可欠なのです。

そして、現状維持に固執することは、衰退につながる可能性があることは確かです。

②景気のいい会社かどうかは、社長次第

社長が最も抱えているものは「責任」。
私は会社を経営していく上で代表的な責任は、3つあると思っています。

○社員を守る責任

倒産は許されません。何が何でも会社を守る責任があります。

○お客様を守る責任

お客様をより良い未来に導くために、常に良い価値を提供できるよう成長し続ける責任があります。

○経済を守る責任

私利私欲で経営をするのではなく、経済を豊かにする責任があります。

クレームを受けたり、人が採用できなかったり、離職が続いたり、計画通りの成果が出なかったり、資金繰りが苦しくなったりなど、企業で起きていることの全ては、社長の責任です。役員報酬というのは、その責任に対する対価です。だからこそ、社員よりもたくさんもらうことに遠慮する必要はありません。胸を張って、何十万・何百万円もの報酬設定ができるよう、責任を全うすればいいと思います。

しかし、会社が苦しいときは、真っ先に社長が身を削り、社員の給与と生活を守る義務があると思っています。そもそも、そのような覚悟がなければ、社長などできません。自社が成長していない、苦しい状況にあることを正当化する社長の思考は、無責任から生まれるものです。3つの責任のうち、どれかが欠けている。

自己責任を追及しましょう、ということを言いたいわけではありません。私がお伝えしたいのは、**人は言い訳から生まれる他責の念を持った瞬間、成長がストップするということ。人が成長を捨てるということは、世の中に価値を提供し、貢献し続ける意思を自ら捨**

てるということ。お金というものは、提供できている価値と社会貢献度、それに対する感謝と共に動くものですから、成長を捨てる＝お金を捨てるというのが、資本主義の本質だと思っています。**だからこそ、社長は責任を取る、成長し続ける存在である必要があります。**

税理士として日々たくさんの社長とお会いする中で、「今、景気のいい会社はどの業種・どんな会社ですか？」とよく聞かれることがあります。私自身も同業他社の情報や周りの状況は気になるところではありますが、私の回答は一つです。**「業種業態は関係ない、社長次第です」とお伝えしています。**

デフレとコロナ禍をきっかけに、会社の問題に対し目をそらさずに立ち向かう。それが「強い社長」の定義だと思います。経済成長と共に会社が自然と成長する時代は、とっくに終わっています。

厳しい時代こそ、社長の責任力と成長力が問われているのではないでしょうか？

③中小企業にとって、社長の活力が全て！

こんなこと、考えていませんか？

「もう少し時が過ぎれば、景気は回復するだろう」
「政治が何とかしてくれないものか」
「同業者みんな赤字、だからうちもしょうがない」

自分が勤める会社の社長が、このような思考で日々過ごしていると知ったら、仕事ができる社員は即転職します。未来に可能性を感じる職場で働きたい。人手不足の世の中です。仕事はいくらでも選べます。

シンプルに、社長にヤル気がなくなったら会社は終了。赤字も事業の陳腐化も止まらなくなります。金融機関からの支援も受けることができず、資金繰り悪化で倒産です。結果、世の中から不必要とされる会社になる。中小企業の経営というのは、社長の満ち溢れるヤル気から始まります。

私たち中小企業にとって、社長の活力が「全て」です。

「若いっていいな」
「加齢にあがなってもね……」
「もう年が年、ヤル気が出なくてもね」

結論を言います。

社長のヤル気のスイッチを入れるためには、身体を動かすこと！

税理士として数多くの顧問先を見てきています。多くの経営者の方々と交流してきましたが、そこでわかったことがあります。**社長が運動している会社は、必ず好業績なんです。**

活力ある社長は、健康第一、身体を鍛えています。早朝の散歩、ジョギング・水泳等の有酸素運動、ジムでの筋力トレーニングなど。

「人間の活力＝運動量」と言うと過言かもしれませんが、意外と単純な領域だと思っています。元気になりたければ、活力を得たいなら、運動をすればよいということ。身体を動かせば、心も動きます。

運を動かす＝運動、なんです。

一般的な話になりますが、私たち人間は年齢と共に筋肉量が減り、活動によるエネルギー代謝や総エネルギー消費量も減少します。加齢に伴って減少する基礎代謝をどう維持するかは、私たち人間の生命活動を考える上で重要です。コロナ禍をきっかけに、リモートワークが加速しました。結果、私たちは身体・筋肉を使った活動量が減りました。筋肉は使わないと減少します。基礎代謝も減少、生命活動量も減少します。

近年、うつが社会問題の一つとして取り上げられるようになりました。しかし、運動がうつの予防・治療に役立つことを示す研究が増えてきています。運動は、ストレスを解消する効果があり、ストレスに強くなるためにも欠かせません。また、運動によって身体面だけでなく、精神面にも良い影響を与えることが多くの研究で示されています。

例えば、運動によって脳内のエンドルフィンが分泌され、幸せな気分になることができます。加えて、運動するには社会的な場に出る機会が増えるため、人とのコミュニケーション能力を高めることもできます。そのため、運動習慣を身につけることは、心身共に健康を維持するために非常に重要です。

身体を動かすことで、脳内でドーパミンやノルアドレナリンなどのヤル気を引き起こす化学物質が放出されます。これらの化学物質は、気分を改善し、集中力を高め、疲労を軽減するのに役立ちます。また、運動には社交的な側面があり、グループで行うことで新しい人脈をつくることができます。運動によって、自己肯定感が向上し、ストレスを軽減し、生活全般にわたってより良い結果をもたらすこともできます。

社長のヤル気スイッチは身体を動かすこと！

運動は、ヤル気を出したいときに役立つだけでなく、心臓病、脳卒中、糖尿病、肥満などの慢性疾患のリスクを減らすのに役立ちます。また、睡眠の質を向上させ、メンタルヘルスを改善するのにも役立ちます。

しかし、いきなりハードな運動は禁物。軽い運動から始めるのがおすすめです。ウォーキング、ランニング、サイクリング、ダンス、ヨガなど、好きな運動から始めてみてください。私はヨガから始めました。短時間の運動でも効果があります。10分間のウォーキングでも、気分を改善し、ヤル気を高めるのに役立ちます。

会社を成長させている社長は常にパワフルで、ヤル気・元気・勇気に満ち溢れています。

あともう一つ忘れてはいけないのは、声が大きいこと。

声の大きさは、生命力の源です。

では、手前みそですが、私の実践例をご紹介しましょう。

著者 佐々木の実践例

私は、週1回ヨガと格闘技（ボクシングとキックボクシング）をやっています。おかげさまで毎日ヤル気満々です。

社員を幸せにしたい！
お客様と幸せになりたい！
日本社会を良くしたい！

挑戦し続ける気持ちも維持できており、新規事業の立ち上げも毎日構想を練りながら、パートナーたちと毎日ミーティングです。会社の業績も衰えることなく、社員と共に元気にやらせてもらっています。

〈ヨガ〉

顧問先の社長のご縁でヨガを始めました。最初は半信半疑。健康のためと思い始めたものの、今となっては自分の心身を整える必要不可欠な運動となりました。ヨガを始めることができたご縁に、本当に感謝しています。

交感神経のみをフル活用し、お金や権力のみを欲していた私は、ヨガを続けていく中で、自分の大切なものを見失っていることに気付かされました。**瞑想・姿勢・呼吸で、身体と脳に革命が起き始めました。目を閉じて呼吸と身体に集中すると、人は無になることができるのです。そしてその後、たくさんの新たな気付きや世界が脳内に舞い込んできます。**

え？　と思う方もいると思いますが、**ヨガで副交感神経優位の時間をつくり、その後日常に戻りながら徐々に交感神経のスイッチに切り替わるとき、たくさんのアイデアが面白いように湧いてくるんです。**この舞い降りてくるアイデアで、今まで何度も経営が救われたかと思うと、ヨガはやめられません。

副交感神経優位の時間は、なかなか手にできる時間ではありません。なので、私は週1回個人レッスンのヨガで時間をつくると共に、今では起床時と入眠時にヨガを行っています。世界中の名だたる経営者もヨガを日常に取り入れ、心身を整えているようです。

〈格闘技〉

格闘技にはまったく興味のなかった私ですが、協会のメンバーと共に健康合宿を行った際、ボクシングの体験トレーニングをさせていただきました。そのときのマススパーリングでメンバーとチャンピオンからパンチを受けたのをきっかけに、自分自身が男であることを再認識し、スイッチが入り、ボクシングを始めました。

格闘技の素晴らしさは、人それぞれの感じ方があると思いますが、私の場合は、

○逃げずに立ち向かう勇気（闘争心）
○勝負所で一気に勝負を懸ける爆発力（雄力）

を鍛えてもらっています。

試合をして勝ちたいというより、リングの上で相手と対峙することをきっかけに、自分との闘いをすることにやりがいを感じています。**逃げることは許されない、立ち向かわないとやられる。平常心を保ちながら、勝負所で一気に自分の力を解放させる。これらのマインドは、経営上でも必要不可欠です。**

自分自身の経営者としてのマインドを鍛えたく、今では週1回ずつ、ボクシングとキックボクシングの個人レッスンで、己の心身を追い込んでいます。日常では味わえないこの追い込みこそ、本当に価値があります。格闘技の話をさせたら、どこを目指しているのか？　よくわからない人間です（笑）。

〈運が動き始めた〉

ヨガと格闘技、そこから何が変わったか？　まさに「運」が動き始めました。

弊社の業績は、私が運動を始めてから、目まぐるしい勢いで成長しています。最近勢いづき過ぎて社員に苦労をかけていますが、おかげさまで創業以来、最高潮の右肩上がりです。

私がヨガと格闘技を始めたのは自分自身の心身のトレーニングのためでしたが、それが事業成長の理由にもなっています。私自身のマインドがより成長したことで、ビジネスにも良い影響を与えることができました。また、運が動いていると感じています。私は本当にたくさんのご縁ときっかけをいただくようになりました。そのため、私は毎日エネルギーを最大限に発揮して経営に取り組むことができていると実感しています。自分自身の成長を通じて、ビジネスでもより良い成果を出せるようになったと感じています。

自慢をしたいわけではありません。**会社を元気にしたければ、社長が運動すればいい。**ただそれだけをお伝えしたいのです。

会社の業績も健康も改善されるのが運動。

運動しない理由は、どこにもないと思いませんか？

④成長戦略か？　現状維持か？

ここまで、世の中に価値を提供し、貢献し続けるために、社長も会社も成長しなくてはならない。社会貢献から売上が生まれ、会社が存続できるという資本主義の原理原則をお伝えしてきています。

社長にとって、企業の成長戦略と現状維持戦略のどちらを選択するかは、重要な決定事項の一つです。成長戦略は、企業が新しい市場や製品に進出することで、事業を拡大することを目的としています。

一方、現状維持戦略は、既存の市場での地位を維持することを目的としています。両方の戦略にはそれぞれメリットとデメリットがあり、経営者は企業の目標、競合環境、市場のニーズなどを考慮し、どちらの戦略を選択するか慎重に検討する必要があります。

成長戦略を選択した場合には、新しい市場や製品に進出します。そのためには、顧客が必要とするものを正確に把握し、新しい市場や製品に対して適切なマーケティング戦略を立てる必要があります。このとき、市場調査や顧客ニーズの調査を行うことが重要です。調査結果をもとに、製品やサービスの開発、市場参入時期や販売戦略を決定します。また、新しい市場に参入するためには、新たな人材の採用や現場の体制整備が必要となります。

一方、現状維持戦略を選択した場合には、既存の市場での地位を維持することになります。そのために、競合他社との差別化を図る施策や、顧客とのコミュニケーションを改善する施策が必要になります。例えば、製品やサービスの品質向上、価格競争力の維持、顧客満足度の向上など。顧客とのコミュニケーションを改善するためには、顧客が必要とするものを正確に把握し、顧客との対話を増やしたり、顧客が必要とする情報を提供したりすることが重要です。

また、**社員のモチベーションを高めることも重要です。社員向けの福利厚生や社員教育など、社員の働きやすさや成長を支援する施策を実施することで、社員のヤル気や生産性**

が向上し、企業の競争力が強化されます。

社長は適切な戦略を選択し実施することで、企業の成長や現状維持に向けた道筋を描くことができます。これにより、企業は長期的な視野を持ち、顧客のニーズに合わせた製品やサービスの提供、社員教育制度の整備、顧客とのコミュニケーションの改善など、様々な面で優れた企業を目指すことができるでしょう。長期的な視野があると、企業は将来的なリスクにも対応できるようになるのです。

社長は、常に市場や競合環境の変化に敏感になり、成長戦略・現状維持戦略のどちらをとっても、見直しや変更を行わなければならないのです。

⑤この3つが不足していたら、すぐに変わろう

私は税理士として、多くの社長と会社の業績を毎日見ています。社長に良し悪しをつけるつもりはありません。社長業は十人十色です。

しかし、**良い経営というものは、必ず業績（利益）に表れます。**

悪い経営も、同様です。私は、悪い業績が改善できるよう情報提供をしていますが、**悪い業績が続く状況は、社長自らが変われるかどうかが重要です。**

以下、悪い業績が続いている会社の社長に、共通して不足しているものを3つ挙げます。

3つの不足　その1　学習

成長企業を経営している社長に共通する1つ目として、「学習」があります。読書・外部研修・eラーニング等を利用し、「経営者」として視座を高め、大事にすべきマインド・ノウハウ・スキルを外部から常に取り入れています。

仕事は言うまでもなく、現場が大事です。しかし、それはあくまでも「仕（つかえる）事」の領域。経営は、人に仕えることではありません。経営は、ヒト・モノ・カネを最大限に活用し、経済圏を拡大していくこと、未来を創っていくこと。結果、それが経済成長につながります。経済・未来を創る大事な営みですが、他人から言われてできることではありません。**自ら学び、自ら創造していくことが、経営の本質だと思っています。**

しかし、学習する重要性を理解せず、いわゆる現場管理者として日々過ごしている社長も、実態として少なくありません。

経営には多くのリスクが存在します。もちろん気合いと根性で乗り切れることも多くありますが、個人の力には限界があります。**社長の成長から始まる会社の成長が、倒産リスクの回避につながるのです。**経営は、結果（利益）を出すことも重要です。渋沢栄一の「論語」と「算盤」、きれいごとと経済合理性の両方を、常に追い求めることなくして、会社は存続し得ません。

経営とは、覚悟を決め、努力を積み重ねていくことであり、その努力すべきものとして、「学習」があると思います。それゆえ、私も「学習」は怠りません。常に自分を成長させてくれるコンテンツを求めています。その中でも、二宮尊徳（金次郎）の「報徳思想」は、自分の人生を変えてくれました。

二宮尊徳は江戸時代に多くの農村を救った農村改革の指導者でした。豊富な農業知識と、「報徳仕法」という独自の方法と理念に基づいて、指導した農村は600にものぼります。もちろん鉄道も自動車もありません。二宮尊徳の思想や方法論は「報徳」と呼ばれ、**万物には全て良い点（徳）があり、それを活用する（報いる）という思想**です。この報徳思想は、渋沢栄一、安田善次郎、鈴木藤三郎、御木本幸吉、豊田佐吉といった明治の財界人・実業家や、松下幸之助、土光敏夫、稲盛和夫といった昭和を代表する経営者たちにも多大な影響を与えたと言われています。

二宮尊徳と言えば、薪を背に担ぎながら勉強をする「勤勉」の代名詞です。昔は全国の小学校に二宮金次郎像がありましたが、様々な理由により撤去される現象が進んでいると言います。寂しいものですね……。

【報徳思想】

至誠　まごころ
勤労　社会に役立つ成果を考えながら働くこと
分度　自分の置かれた状況や立場をわきまえ、ふさわしい生活をすること
推譲《すいじょう》　他人や社会のために譲ること

私は経営者として道を見失っている時代がありました。元々、お金や権力の自己願望のために事業を始め、40歳までにそれなりのお金は得ました。しかし、幸せではありませんでした。経営が楽しくもありませんでした。後ほど（69ページ）ご紹介する出光佐三《いでみつさぞう》と比較すると、恥ずかしい思いでいっぱいですが、私の経営者としての視座を上げてくれたの

は、まさにこの「報徳思想」でした。

日本人として、経営者として、どういう哲学に触れ、どう自分の哲学を築き上げていくか？　自分・社員・お客様・社会が幸せになるために、何を大事にしたらいいのか？　そのために、残りの命をどう使えばいいか？　視座を高めながら己を磨き続けるため、私は日々学習をしています。

自己成長を噛みしめながら行う学びは、最高の娯楽です。

3つの不足　その2　未来予測

2つ目として挙げられるのは、「未来予測」です。学習自体はあくまでも哲学や理論を得ること。自社へ落とし込む際には、必ず現況との紐付けをしながらの実行力が必要不可欠となります。

社長が意思決定を行う際、経験や勘も大事です。しかし、過去の蓄積のみではこれから起こり得る未来・変化に順応できないのも事実。多くの情報を得ながら、それらを精査し、これから起こり得る未来を予測しながら、的確な意思決定を行う。学習で得たことと、情報収集から生まれる未来予測が原点となって、事業にイノベーションが起こり始めます。**だからこそ、「社長が得る情報の質＝会社の生命線」だと思っています。**

未来予測が当たるか外れるかは、どうでもいい。重要なのは、社長として立てる予測が、会社の羅針盤になるということ。羅針盤なくして大海原を進むことはできませんし、社員もどこを目指したらいいかわかりません。

インターネットやSNSによって、私たちは容易に情報を得ることができるようになりました。そして、情報の流通が大量かつ早くなるにつれて、時代の変化はますます加速しています。どのように情報を得るかは人それぞれですが、大事なことは情報の質です。

インターネットやSNSは、自由に発信・表現できる環境。ゆえに、情報の正誤を突き詰めることを考えると、得ることにより非効率な動きをしてしまうコンテンツも数多く存在していると感じています。便利な世界ではありますが、距離感を間違えると、得る必要のないコンテンツに踊らされることとなります。

特に問題なのが、情報を得ることにより比較と諦めが生じ、成し得たい未来を創造する意欲がなくなるということ。本来、自分自身が得たいものには、何が何でも得ようという願望実現に対するエネルギーが湧き起こるものです。まさに子供がおもちゃを欲しがるように（笑）。

しかし、質の悪い情報を得たがためにトライする前に意気消沈する。情報社会で知らなくてもいい情報に触れてきた若い世代に願望が育まれていないのは、一つにはこういった背景があると考えられます。

社長は未来を創造する存在。諦めや意気消沈する暇などありません。余計な情報に触れている時間などありません。だからこそ、**私はアナログの情報を大事にしています。わかりやすく言うと、五感から得ることのできる情報です。特に、生身の人間から得られる情報を最優先にしています。**それゆえ、デジタルの情報は、アナログの情報の補完的情報として活用することを心がけています。

社長のやるべきことは、「経営」です。経営に必要な質の高い情報に拘《こだわ》る。好き勝手ばら撒かれているデジタルコンテンツに、いかに踊らされないか、それが自身の信念を貫く近道ではないでしょうか。

ビジネスの可能性を広げる一番は「人とのつながり」だと思っています。まさに人脈こそ宝物です。社長は人と会うことにより人脈を構築し、ビジネスチャンスを模索していく

必要があります。そして、そこから得られる情報により、的確な意思決定を日々行わなければなりません。人脈を構築する上で大事なのは、いかに時間を確保するかです。現場管理者として仕事に追われていると、人脈を広げようという機会など増やせるわけがありません。

ここで皆さんに伺います。

あなたの会社に「事業計画書」はありますか？

事業計画書は、企業にとって非常に重要なドキュメントです。特に、中小企業にとっては、将来を見据えてビジネスを展開するために欠かせないものです。この計画書は、社長が自社のビジョンを明確にするために作成されます。そして、その計画書には、具体的な目標や戦略が含まれています。これらの目標や戦略は、会社の成長に向けての方向性を示すものであり、社長自身のコミットメントでもあります。

事業計画書には、企業のビジョンに加えて、市場調査や財務プラン、マーケティング戦略、製品やサービスの開発計画など、企業の将来に関する詳細な情報が含まれます。これらの情報をまとめることで、**社長は、会社の将来に対するビジョンを明確にし、それに基づいて具体的な行動計画を立てることができます。**

また、**社員や外部の支援者と共有することで、会社の将来に対するビジョンを明確にするだけでなく、社員のモチベーションを高めます。**

さらに、事業計画書は、会社の成長に必要な資金調達を行うためにも重要です。投資家や金融機関は、会社の将来に対するビジョンが明確で、具体的な行動計画がある企業に対して投資をする傾向があります。そのため、事業計画書は、投資家や金融機関に対して、会社の将来に対するビジョンや具体的な行動計画を示すための強力なツールとなります。

また、事業計画書は、企業の成長に向けての方向性を示すだけでなく、社長自身のスキルアップやリスクマネジメントにも役立ちます。例えば、ビジネスの成功に欠かせないリーダーシップや経営戦略など、社長が身につけるべきスキルについての情報が含まれています。また、企業が直面する可能性のあるリスクとその対策が含まれている場合があります。これらの情報を参考にして、経営者は、自己啓発やリスクマネジメントに取り組むことができます。

事業計画書は、企業の生命線とも言える重要なドキュメントです。中小企業庁の過去データからも読み解けるように、事業計画書の有無は、売上高の推移に影響しています。つまり、**売上を伸ばしたければ、また倒産を避けたければ、事業計画書を作ればいい。**社長は事業計画書でコミットメントしたことを、社員と一緒になってやればいい。

しかし、半数以上の会社には事業計画書がありません。社長の肌感覚・成行きで経営している会社が半数以上なんです。経済が安定している時代はいいと思います。しかし、これから日本は人口減少・経済規模減少は避けて通れません。ほとんどの会社は今後、苦戦を強いられる時代になると、私は経営者として、税理士として感じています。

「国税庁統計法人税表」（2021年度）によると、赤字法人は187万7957社。全国の普通法人287万3908社のうち、赤字法人率は65・3%。3分の2の企業が赤字。

中小企業の倒産率は日に日に増加傾向にあります。夢を抱き、相応の資金と時間をかけて事業を立ち上げたにもかかわらず、数年で約半分もの会社が倒産しています。10年間で9割超の会社が消えています。

なぜ中小企業は倒産しやすいのか？

理由は簡単です。

それは「経営」をしていないから。倒産理由の圧倒的ナンバー1は資金ショートです。

広辞苑で経営を調べると、「継続的・計画的に事業を遂行すること」とあります。倒産する会社に共通することがあります。それは前述した通り「事業計画書」を作成していないことです。

利益と資金繰りの計画を立てず、社長のマンパワーのみで行き当たりばったりの事業を行っている会社は、変化の激しいこの時代に生き残ることができません。

①事業計画書を作成し、計画的に事業を遂行する
②計画をもとに、会社の戦略を遂行・見直しを行う
③計画と実績値を徹底的に比較し、現場の管理・実行を改善する
④計画と実績値を徹底的に管理し、資金繰りの安全性を守る
⑤会社の財務評価を上げ、金融機関の支援を強固にする

未来を設定しない、成り行き経営、まだ続けますか？

3つの不足　その3　納税意識

3つ目は「納税意識」です。

(ア) 利益とは、「納税後」の金額

税理士として仕事をしていると、税金をもっと安くできないかというご依頼を本当に本当に本当に（笑）たくさんいただきます。もちろん、無駄な税金を抑えることをお伝えするのは私の責でもありますので、しっかり情報は提供します。が、包み隠さずお話しすると、できることってたかが知れているのです。

大きくできることは2つのみです。

- ○税額控除（国の施策）の適用
- ○法人税・所得税・相続税の税率を比較しながら、どこで課税されるかを選択

細かいことで小さな金額の減税はできますが、正直なところ投下したエネルギーと比すると、たかが知れています。

利益を調整すれば税金は減りますが、それはいわゆる「脱税」です。

そんなことにエネルギーを投下するよりも、どうやったら会社がより良くなるかに全力投球したほうが、よっぽど社員のため、会社のため、社会のためになると考えています。

○税金を減らしたいのか？

○大事なものを守りたいのか？

です。

日本国憲法第30条

「国民は、法律の定めるところにより、納税の義務を負ふ。」

税の仕組みは国が作るシステムです。お金を守る、反対給付のない納税を小さくする、というのは同感できます、理解もできます、理にかなっていると思います。しかし、中小企業の社長がイメージしているほとんどは脱税。素直に納税を受け入れたほうが会社は良くなります。納税すれば、企業の価値や信用は上がります。金融機関からも支援してもらえます。結果、会社の資金は潤沢になります。

中小企業の場合、税引前利益の約7割は残ります。納税したらお金が増える、納税したらお金が集まってくる、という意識に切り替えられるかどうか？　今、まさに中小企業経営者の意識の分岐点にあると思います。

国の目線に立ってみてください。納税している会社と納税していない会社、どちらを支援したいか？　守りたいか？

言うまでもありません。

（イ）納税すればする程、お金は増える

会社のお金の源泉には2種類あります。

||||||||||||||||||||||||||||||||||||||||
○自己資本（返済義務なし）
　資本金＋納税後の利益の積み上げ
○他人資本（返済義務あり）
　借入金等の債務

会社のお金は多いほうが会社を守れるし、事業を成長させていく上で必要な投資も継続できることは、言うまでもありません。お金を増やすには、この2つを増やすしか方法はありません。

どうやって増やしたらいいの？　答えは簡単です。

たくさん「納税」することです。

自己資本は、税引前利益から納税額を引いた分が増額します。この増額分が、「当期純利益」というものです。また、その当期純利益のボリュームは会社の「信用」になるので、金融機関等からの借入にもつながります。結果、会社にはたくさんのお金が集まることになります。

「税理士なのに！」と言われるかもですが、繰り返します。

お金を増やしたかったら、たくさん「納税」すること！

（ウ）経営計画で納税額を毎月積み立て

そうはいっても、決算時に支払う税額を見ると、減らしたいという気持ちが高まります。率で見ると3割前後なので容認できそうですが、額でみるとグッときます。

だって、人間ですから（笑）。

じゃあ、どうしたらいいか？

経営計画書を作成して、あらかじめ納税額をシミュレーション＋貯金しておくことです。

事業計画書の重要性は前に述べましたが、なかなかハードルは高いもの。経営計画書から始めてみるのもよいと思います。経営計画書さえあれば、将来の売上・利益・納税額の推移がしっかり可視化できるので、事前に準備ができます。

○経営計画書：目標数字のみ
○事業計画書：経営計画書＋戦略

あとは、その**納税予測額に対し毎月積み立てしておくだけ。**手元にあると使ってしまうので、金融機関の定期や投資信託、生命保険を使った外部留保などで対応すればよいと思います。事前対応しておけば、決算時の納税額にも対応できます。

ワンマン経営は変化の激しい時代に対し、即断・即決・即実行できる素晴らしい経営であると思います。しかし、社長のスタンスでどうにでも転んでしまうのもワンマン経営です。社長とはどうあるべきか？　次に、未来を生き残る社長像について触れてみたいと思います。

2 ワンマン経営で未来を駆ける

①いい社長はどうあるべきか？

「社長」としての職域の存在意義と役割は、「意思決定」のみです。

荒れる大海原にて、舵《かじ》取り（＝意思決定）をする。全責任を背負って、乗組員（＝社員）の命を守る。この役割は、分担などできません。社長のみが行うリーダーシップです。

しかし、中小企業の社長の多い事例としては、
・率先垂範で営業活動・生産現場に自ら立つ
・人財採用＝社長の業務消化のため
これらがほとんどのような気がしています。

経営とは、「社長の理念やビジョンに掲げる大義を、社員が一丸となって実現させること」です。社長は仕事を直接することなく、仕事を社員に分担しながら、「意思決定」に全集中すべき。そうでないと、これから先、今まで以上に荒れ狂う大海原で目的地を目指すことなどできないと、自社も含めて危機感を持っています。

肌感覚としては、中小企業の社長の大半の方（もちろん私も含めて）が、経営者に成り切れず、現場監督者止まりの印象を受けます。時代の変化についていけず、陳腐化する中小企業が増えていくことを想像しています。

成長している会社の共通点は、幹部・マネージャーがしっかり現場を守っていて、社長は意思決定に徹しています。クレームの対応であったり、イレギュラーな事案・トラブル

が発生した際に、緊急的に現場に出ることはあっても、社長は経営に徹しなくてはならない。単純でありながら、それが、なかなかできない。
教育における名言として、山本五十六の言葉は有名です。

やってみせ、言って聞かせて、させてみせ、ほめてやらねば、人は動かじ。
話し合い、耳を傾け、承認し、任せてやらねば、人は育たず。
やっている、姿を感謝で見守って、信頼せねば、人は実らず。

松下幸之助『人生心得帖／社員心得帖』には、こう書かれています。

人間はある程度責任を与えられ、仕事をまかされると、だいたいにおいて、その責任を感じ、自分なりの創意工夫を働かせてそれを遂行していこうとするものである。だから、指導者は、大綱というものをしっかりつかんだ上で、基本的な方針を示して、あとは他の人びとに責任と権限を与えて自由にやらせるという行き方が望ましい。それによって、それぞれの人の知恵が自由に発揮され、全体として衆知が集まって仕事の成果もあがってくる。

会社の創業時、社長は一人二役も三役も行うことは当然です。お金がないときは、自らやるしかない。そして、社長が先陣を切って事業を軌道に乗せることなくして、会社は動き出さないと思います。

しかし、その後、創業時と変わらず社長が社員の行うことに対して、隅から隅まで口や手を出す会社は、社員の成長機会を奪う結果となり、社員のみならず会社の成長が停滞してしまいます。また、上司が部下のやるべき仕事をしている企業は、成長しない会社に共通する組織風土でもあります。社員の成長なくして会社の未来はありません。

社長の職責である「意思決定」に集中するほど、社員には自らの職責を全うする意識が生まれます。社長は、自分の力を使って事業を進めるよりも、社員の力を信じ経営していくことが大切です。それこそ、社員を信じ切れる社長の「器」が試されると思います。

社長のあり方

社長の心がけ

「意思決定」に
全集中する！

・社員を信じる。
・仕事を社員に分担する。
・社員を成長させる。

社員の変化

自らの職責を全うする
意識が生まれる。

NG

・社長が営業活動・生産現場に自ら立つ。
・社長が人財採用を行う。
・社長が社員の行動に、隅から隅まで口を出す。

②社長は正しい考え方を伝え続けよ

今、地球環境や世界・日本経済は、想像を超える程、加速度的に変化しています。そのような時代に、会社は生き残りを懸けて日々経営をしていかねばなりません。10年で95%の会社が消滅する時代。**こういう時代こそ、社長は正しい考え方を磨きながら、即断・即決・即実行することが重要**だと思います。

正しい考え方＝社長の正しさは、会社が最も大事にすべきものです。会社の意思決定のスピードは、社長の判断力で全て決まります。そして、社長の正しさがないと組織は支離滅裂な状況に陥ります。

しかし、重要なのはこの正しさをどう発信するかです。言うまでもありませんが、「俺の言うことを聞け！」というのはNG。しかし、社員に伝え続ける必要があります。ではどうしたらいいか？　まず、大事にすべきものは次の2つ。

○経営理念（会社の存在意義）
○ビジョン（会社の目指す未来像）

この2つを言語化・可視化し、社員へ発信し続けることです。これは簡単なことではありません。私自身も模索しながら、日々トライ&エラーでやっています。

私と同様に、多くの社長が「人財育成」に、非常に苦労しているという声をたくさん聞きます。会社の業務を上司の管理・仕組み・指示の下でこなすことを進めてきた、今までの人財育成のやり方では、今後通用しないと思っています。いわゆる御用聞きのイエスマンは、今後ＡＩに代替えされるからです。社員一人ひとりの人間力と主体性が問われる時代になります。社員の人間力と主体性が会社にイノベーションを起こすのです。

ここで私の大好きな「出光佐三」をご紹介します。

出光佐三は1885年福岡県生まれ。誰もが知る出光興産株式会社の創業者です。当時まだ一般的でなかった石油業界に参入し、日本の石油産業を拡大させました。出光は、戦前から戦後にかけて、石油の輸入と精製に取り組んでいましたが、国産の石油精製を実現するために、独自の技術を開発しました。この技術は、戦後の日本経済の発展に大きく貢献しました。

戦後には、自動車ブームを見越して、加工燃料の開発にも着手しました。従来の石油製品に加えて、オクタン価の高い加工燃料を開発し、自動車メーカーから高い評価を受けました。この技術により、出光は自動車業界との協力関係を深め、業績を伸ばすことができました。

出光は革新的なアイデアを追求することに加えて、社員の協力にも注力しました。彼は、**自分自身と社員が共に成長することを目指し、社員のスキルアップを促進するため、教育訓練制度を設け、彼自身も社員に教育を行いました。**社員は、出光の思想に共感し、会社の発展に貢献しました。また、出光は企業家としての成功だけでなく、社会貢献にも取り組みました。「企業は社会に貢献することが最も重要である」という哲学を掲げ、社会貢献活動に積極的に取り組みました。社会福祉事業や教育事業に多額の寄付を行い、地域社会の発展にも貢献しました。

出光は自分自身が「永遠の学生」として振る舞い、常に新しいアイデアを追求することで、成功を築きました。彼の哲学は、現代の経営者たちにも多くの示唆を与えており、その哲学は出光興産のホームページで見ることができます。

(https://www.idemitsu.com/jp/enjoy/history/idemitsu/founder/index.html)

百田尚樹さんの歴史経済小説『海賊とよばれた男』の主人公としてモデルとなり、映画化もされています。

１９４５年、日本は大東亜戦争に敗れました。当時、出光興産の社員は１０００名。大半の資産を失い、多額の借金と社員だけ残りました。しかし、敗戦から２日後、出光は社員にこう伝えます。

一、愚痴をやめよ
二、世界無比の三千年の歴史を見直せ
三、そして今から建設にかかれ

出光は社員を一人もクビにしないどころか、戦地で戦っていた生死不明の社員の家族へ、給与を払い続けたのです。

お金や権力のために事業をするのではなく、社員は家族、人間尊重主義を貫いた、日本が誇るべき経営者です。映画でも岡田准一さんが表現していますが、経営者としての「熱量」をめちゃくちゃ感じます。

では、どうしたらいいのか？

社員は家族、人間尊重主義を実現するため、現代で理想としたいのはこちらです。

私たち経営者が社員の「仕事」を「志事」に変える支援をすること。

仕える思考から、志す思考を持たせることです。業に従う（社員）から、社の一員としての自覚（社員）を育ませることです。社員一人ひとりが、こういった意識が持てるようになったとき、成長したい、貢献したいという視座と感情が生まれ、自身の持っている主体性の下で物事を最適化できるように工夫を始めます。

もちろん、福利厚生・研修制度や人事評価制度は大事です。しかし、これらをどんなに整備しても、社員にとっての目的（目の前にある的）にはなり得ません。社員の「的」となるのが、**社長の正しさから生み出される「経営理念」と「ビジョン」**です。

社長は、会社の未来を創る重要な存在です。そのためには、自己の正しさを常に見直すことが必要です。このプロセスを通じて、経営理念やビジョンが磨かれ、より明確になります。さらに、社長はこの2つを熱量を持って社員に発信し続け、社員の心に届くまで関わります。このような関わり方によって、共感してくれる社員を見つけ、彼らを家族のように大切にします。また、人間尊重主義に基づいた経営を行うことで、社員はより幸せになり、会社の成長に貢献します。

このような取り組みによって、会社は成長し、生き残ることができると確信しています。

社長の発信

社長の心がけ

①経営理念やビジョンを可視化する。

②社員の「仕事」を「志事」に変える支援をする。

社員の変化

成長したい、貢献したいと思い、主体的に物事を最適に工夫する。

NG　・「俺の言うことを聞け！」と言う。

③経営者が大事にするものとは？

経営者としての自分探しの旅に出始めた私は、様々な人と会い、たくさんの研修・セミナーにて学習・情報収集をし続けました。そして、ある情報との出合いが、私に新たな世界を見い出してくれました。

2021年1月、ラーニングエッジ株式会社の清水康一朗さんと出会います。清水さんの展開する絆徳《ばんとく》の経営スクール（ＭＢＳ）で、日本人として、経営者として大事にすべき哲学・思想を、今でも学習し続けています。前にご紹介した出光佐三や二宮尊徳の哲学も、ここで知りました。ＭＢＳをきっかけに、私は2つのものを大事にするようになりました。

〈社員の幸福〉

わが社の経営理念は「100年続く企業へと　共に歩む」です。これは**顧問先が百年企**

業に成長できるよう支援すると共に、私たちも百年企業に成長できるよう励む、という想いを込めて、創業時に言語化しました。

成長期は、我欲と慢心の下、正直あまり意識をしていませんでした。しかし、この経営理念に立ち返ることを決意した際に、ＭＢＳで気付かされます。

お客様を幸せにするのは誰か？　そう、社員です。
だからこそ、社長は、
社員を幸せにすることをまず最優先にするということ。

社長の役目は、社員に働くことのやりがいを提供し、共に価値を高め合いながら、支給できる給与を一円でも多く上げることです。

社員が幸せになって初めて、お客様を幸せにすることができる。社員が不幸せで、社長がどんなにお客様を幸せにしようと言っても、当然無理な話。お客様＝売上＝お金、といった思想が行き過ぎると、社員の幸福度追求が盲点になります。それでは、お客様を幸せにすることなどできません。お客様を幸せにすることを目指す中で、感謝をいただき、売上・利益をいただく。社長は、そのいただいた利益を、我欲を満たすために消費することなく、社員の幸福度の向上のために使う。

気付いた方もいるかもしれませんが、まさに、前述の二宮尊徳の「報徳思想」が土台にあります。「至誠→勤労→分度→推譲」、社員や社会のために、経営者は前を向き続けなくてはならないということを、大事にするようになりました。

〈健康〉

「はじめに」でも述べましたが、我欲を満たすために暴飲暴食を続けてきた私は、38歳で脳梗塞の診断を受けます。信じることができず、診断結果を他の医師たちにも見てもらいましたが、やはり変わりませんでした。

全てを失う覚悟をしました。徐々に思考も停止し、身体が動かなくなることを想像しました。そして、健康の大事さを痛感しました。過去の自分の生活を振り返ると共に、もうすでに時遅しと、自分の不甲斐なさに苛立ちを覚えていました。こんな心身を得るために、自分は今まで生きてきたのかと。

しかし、諦めたくはなかった。そこで私は、生活にヨガを取り入れ、身体の柔軟性と自律神経の強化をしました。そして、血液検査＋不足栄養の可視化を定期的に行い、食事改善とサプリメントの摂取を継続しました。最後に、得意だった水泳を復活させ、運動を行う習慣に変えていきました。

結果、脳梗塞は消えました。

自己体験を通じて、健康の大事さ、そして、運動による活力向上、これらが人の幸せの土台にあることを実感しました。

人は「健康」でさえいれば、希望と活力に満たされた人生にできる。

職業柄、中小企業の経営者は健康を損なう方が本当に多いと感じています。私自身も脳梗塞と診断されなければ、今頃とんでもない健康状態に陥っていたでしょう。全てがうまくいかない状況を想像すると、これで良かったなと、診断結果に感謝しています。

社長が大事にするもの

社長の心がけ

①社員の幸福
②健康

社員の変化

①社員が幸せになることで、お客様を幸せにできる。
②社長に希望と活力があると、社員も活気が出る。

NG
- **利益を、社長の我欲を満たすために消費する。**
- **社長が暴飲暴食などで、健康を損なう。**

④まずは自分を鍛える

社長が社員に配慮することは、企業の発展にとって非常に重要な要素の一つです。社員の幸福は、企業にとってもプラスになります。社員が幸福であることで、モチベーションが高まり、積極的な姿勢で仕事に取り組むことができるため、企業の業績が向上します。幸福な社員は、より生産的であり、よりクリエイティブなアイデアを提供することができるため、社長にとっては貴重な資源です。しかしながら、幸福な社員を育成するには、単に配慮をするだけでは不十分です。**社長は、積極的に社員のスキルアップやキャリアアップを支援する必要があります。**

さらに、社長は社員に適切な環境を整えることが大切です。社員の労働環境の改善や福利厚生の充実、キャリアアップの機会の提供などが挙げられます。**社員が自分自身の成長を実感できる、やりがいを感じる環境を整えることで、モチベーションが高まります。**さらに、社員の健康管理にも注力することが大切です。**健康診断の実施や、健康的な食事の**

提供、運動環境の整備など、社員が健康であることが、仕事に取り組む上で非常に重要です。健康であれば、積極的に仕事に取り組むことができるだけでなく、ストレスやプレッシャーに対する抵抗力も高まるため、幸福であることにもつながります。

また、**社長は社員に適切な報酬を与えることも大切です。**社員が正当な評価を受け、報酬に見合った仕事をしていると感じることができれば、モチベーションが高まります。報酬が不十分な場合、社員は不満を持ち、会社に対する忠誠心が低下することがあります。社長は、社員に適切な報酬を与え、社員が幸福であることを実感できるような環境を整えることが大切です。

ですが、**まずは自分から。社長自身のエネルギーが枯渇していたら、社員にさらなる成果・エネルギーを求めても無駄です。**

社長自身が自己研鑽をし、自分自身が成長することが最も大切です。

社長が自己研鑽をし、自分自身が成長を実感できることで、社員に対してポジティブな影響を与えることができます。社長自身が幸せであることで、社員に対してポジティブな影響を与え、企業の発展につながります。

そして、自己研鑽できている社長は、社員の声や意見を積極的に取り入れることもできます。社員が自分の意見やアイデアが尊重され、自分自身が企業の発展に貢献していると感じることができれば、モチベーションが高まります。積極的に社員の声や意見を取り入れることで、企業の発展につながるような改善策を実施することができます。

私は、特にこの**社長自身の自己研鑽が重要**だと考えています。社員に自己研鑽を求めることはもちろん大切ですが、社長自身が積極的に自己研鑽を続けることが、組織の発展につながると思います。

運動はマスト。その他、業界の最新動向や、新しいビジネスモデル、技術革新などについて、社長自身が常に情報収集をし、社員と共有することで、組織全体がより先進的な方向に進みます。社長が自分自身に問いかけ、自分の能力や知識を高めることで、社員にもその意識が浸透し、より高い成果を生み出すことができるようになります。

社長の自己研鑽

社長の心がけ

①積極的に自己研鑽をする。情報収集をし、社員と共有する。
②社員の声や意見を積極的に取り入れる。

社員の変化

①社長を見習い、意識が高まる。
②自分の意見やアイデアが尊重され、企業の発展に貢献していると感じ、モチベーションが高まる。

NG
・自己研鑽せず、過去の経験則、過去の成功体験だけで経営し、社員と関わる。

⑤社長が描く未来こそ国宝

社長は、企業経営において非常に重要な役割を担っています。企業のビジョンや方向性を決定し、そのための戦略を立てる責任を負っています。**社長が描く未来は、企業だけでなく、社会全体の未来を左右します。**

また、社長は企業内の指導者でもあります。社員たちは社長からの指示を受け、その方針に従って業務を行います。社長のリーダーシップが強ければ、社員たちもより一体感を持って働くでしょう。また、社長は外部との交渉やコミュニケーションも行う必要があります。そのため、社長は交渉力やコミュニケーション力を持っている必要があります。

社長は企業にとって不可欠な存在であり、その存在が国家の未来に大きな影響を与えます。**社長は、企業だけでなく、社会全体の未来を見据え、高い倫理観と社会的責任を持って取り組むことが求められます。**

企業経営において、社長は企業の方向性を決定するために、市場や競合環境、社会情勢などを分析し、その上で戦略を立てます。そして、その戦略を実行するために、組織を動かし、人財を育成することが求められます。しかし、社長が描く未来は、単に企業の成長や利益追求にとどまりません。**社会に対する責任や使命感に基づいて、より良い社会を実現するために貢献することを目的としています。**例えば、環境問題や社会問題に対して、企業が積極的に取り組むことは、社会に対する貢献として高く評価されると共に、企業の信頼性や競争力を高めることにもつながります。

社長が描く未来は、市場や社会のニーズに応えることが求められます。そのためには、市場や社会の変化を敏感に察知し、適切に対応することが必要です。また、社長が描く未来は、組織の中で共有されることが重要です。社員やステークホルダーが共感し、自主的に行動することで、社長が描く未来が実現することになります。

このように社長が描く未来には、様々な要素が含まれます。これらの要素は企業にとって重要な課題であり、社長が描く未来に反映されることが求められます。

○社会全体に対するビジョンを持ち、その実現に向けた取り組みを行うこと
○企業の持続可能性や社会的責任を果たすこと
○地域社会の問題解決や、教育・文化・スポーツなどの分野に貢献すること
○新しいビジネスモデルの構築、デジタル技術やＡＩの活用　など

社長が描く未来に向けて、企業は多様性と包摂性を促進することも求められます。多様な人材を受け入れ、異なる価値観や文化を尊重することで、企業はより柔軟かつ創造的な組織となり、社会的な課題に対してより効果的な解決策を見出すことができます。

社長が描く未来を実現すること＝社会課題を解決すること。
悲観的な憶測しかできないこの日本で少しでも活路を見出すには、私たち中小企業経営者が視座の高い未来を描くことがスタートだと思っています。

社長が自己研鑽し、素晴らしい理念・ビジョンを掲げたとしても、それを正解に導くの

は、言うまでもなく社員です。継続する会社の土台には、社員の幸福度の追求がありま
す。次の章で、社員の幸福度を向上するヒントについて触れてみたいと思います。

社長が描く未来

社長の心がけ

社会に対する責任や使命感に基づいて、より良い社会を実現するために貢献する。
視座の高い未来を描く。

社員の変化

社長の視座の高い未来を実現する。

NG
- 売上や利益など、お金のみを追求する。
- 自分の金儲けに社長や社員を使う。

第2章

業績不振を乗り越える「健康経営」

1 「健康経営」が会社を救う

①顧客第一主義には盲点がある!?

「顧客第一主義」は、多くの企業の基本的な経営理念の一つです。企業が顧客のニーズや要望を最優先に考えるべきだという考え方です。これも合理的な考え方で、直接的な収益源である顧客の満足度を向上させることが、企業の成長を促進し、長期的な企業の成功につながっています。

しかし、この「顧客第一主義」には盲点も存在します。

顧客を幸せにするのは誰か？　言うまでもなく、「社員」です。働く社員が満足していれば、そのポジティブな姿勢や情熱が顧客に伝わり、結果的に顧客サービスの質が向上します。実際に多くの研究でも、社員の満足度や幸福度が高い会社は、顧客満足度や業績が高いことが示されています。

「顧客第一主義」を無視するわけではありません。**会社の業績や利益を追求する中で、社員の幸福度も追求しているかということを今一度、皆さんに見つめ直していただきたいのです。顧客第一主義と社員の幸福度の追求は、バランスが重要だと思います。**

社員の幸福度を追求すると、以下の3つが達成されます。

○モチベーションの向上

社員が自分の仕事や企業に誇りを持ち、満足している場合、彼らのモチベーションや生産性は自然と向上します。

○離職率の低下

幸せな社員は企業に長時間勤務し、彼らのノウハウや経験を踏まえて企業の成長に貢献する可能性が考えられます。

○良い企業文化の構築

社員が幸せであれば、企業文化も前向きで協力的なものになります。

社員の幸福度を上げるために、社長はどのような取り組みをすればいいのか？　もちろん正解はありません。ただ一つ言えることは、働く人たちは仕事を通じて社会の役に立ちたいという想いを、大なり小なり持っているということ。

自分自身の存在意義を、仕事を通じて感じていたいはずです。社会貢献を継続的にすることによって自己肯定感を上げたいはずです。

顧客満足度を向上させるために

社長の心がけ

顧客のニーズや要望を最優先に考えるのと同時に、社員の幸福度を追求する。

社員の変化

①仕事や企業に誇りを持ち、満足すると、モチベーション・生産性がアップする。

②長期間勤務し、企業の成長に貢献する。

③前向きで協力的になる。

point

- **「顧客第一主義」と「社員の幸福度の追求」はバランスが大事。**
- **社員自身の存在意義を、仕事を通じて感じてもらう。**

②「働く」を幸せに

仕事を通じて、自分自身にとって意味のあることに取り組むことができると、人は幸福感を得られるようになります。そのため、**企業は、社員の幸福度を高めることを目的とした取り組みを行うことが重要です。**

○まず、仕事の内容について考えること

社員は自分のスキルや専門知識を活かすことができる仕事を与えられることで、仕事にやりがいを感じることができます。また、社員が自分のアイデアを出しやすい環境を整えることも重要です。**それによって社員は自分のアイデアを実現することができ、仕事によりいっそうやりがいを感じることでしょう。**

さらに、仕事とプライベートのバランスをとることができる環境を整えることも、社員の幸福度を高めることにつながります。

〇給与や福利厚生などの待遇面も重要

適切な報酬を得ることができることで、社員の仕事に対するモチベーションを高めることができます。また、健康保険や年金制度などの福利厚生を整備することで、社員は安心して仕事に取り組むことができます。

待遇面については、業界標準に合わせるだけでなく、社員の貢献度や成果に応じた報酬制度を導入することも考えるべきです。

〇様々な研修や教育を行うことが必要

社員が自分自身のスキルアップやキャリアアップのために、**専門的な知識や技術を習得することができるように支援することで、モチベーションが向上し、幸福度の向上につながります。**また、社員の健康管理にも力を入れることが重要です。定期的な健康診断やストレスチェックを実施することで、社員の健康管理を行い、労働環境の改善につなげることができます。

○柔軟な働き方の導入

社員の幸福度を高めるためには、**柔軟な働き方を導入することも有効です。**例えば、テレワーク制度やフレックスタイム制度を導入することで、社員が仕事とプライベートを両立しやすくなります。また、育児休暇や介護休暇などの制度を整備することで、社員が家族との時間を大切にしながら、安心して働くことができるようになります。

○コミュニケーションの重要性

上司や同僚とコミュニケーションをとることで、社員は自分の仕事に対する理解を深めることができ、仕事に対するやりがいを感じることができます。また、上司や同僚とのコミュニケーションを通じて、自分自身のスキルアップやキャリアアップにつながる情報を得ることもできます。定期的な面談やフィードバックを通じて、社員との信頼関係を築くようにしましょう。

○社内の文化や風土を整える

社員がお互いに協力し合い、チームワークを発揮することができるような社内文化をつ

くり上げることで、社員同士の信頼関係が深まり、幸福度の向上につながるでしょう。また、社内でのコミュニケーションを促進するために、社内ＳＮＳやコラボレーションツールの導入なども考えるといいでしょう。

社員の幸福度を高めるためには、このような様々な取り組みが必要ですが、それらは全て社員の声を反映したものであることが重要です。単なる表面的な取り組みではなく、社員が仕事に対して抱えている悩みや問題点を把握し、対応すること。そして、具体的な改善策を導入し、仕組みを作り上げることです。

社員の幸福度を高めることで、企業は生産性の向上や離職率の低下、顧客満足度の向上など、様々なメリットを得ることができます。

お金が大事？　利益が大事？　社員が大事？

私は、社員が毎日笑顔で仕事をし、働きがいを感じられる職場をつくりたいと強く願っています。

企業は、社員の幸福度を重視し、社員と協力して会社の成長を目指すことで、社会的責任を果たすことができます。**社員が働きやすい環境を整える**ことで、社員のモチベーションを高め、生産性や利益の向上につながることが期待できます。

さらに、**企業として社外のイベントやボランティア活動に参加する**ことで、社会貢献活動を行うこともできます。社員が企業の社会貢献活動に参加することで、企業と社員の絆が深まり、社員のモチベーションの向上につながるでしょう。

会社が持つ価値は、お金や利益だけではありません。**私は、人が働くことの重要性や価値を常に考えて、経営を行っていきたいと思っています。**時代は変わっていますが、私たちが経営する会社にとって社員は最も重要な資産です。そのため、私たち経営者は社員の幸福度や働きがいを追求し、社員一人ひとりが最大限に力を発揮できるような環境を整えることが必要です。今後も、常に社員と共に歩み、より良い未来を目指していきましょう。

社員の幸福度を高める取り組み例

社長の心がけ

まず、社員のニーズを把握する。その上で具体的な改善策を導入する。

例えば…

- アイデアを出しやすい環境を整える。
- 待遇面を整える。
- 研修・教育を行う。
- 健康管理に力を入れる。
- 定期面談やフィードバックでコミュニケーションをとる。
- 社内SNS、コラボレーションツールでチーム力を強化する。

社員の変化

幸福感や働きがいを感じ、一人ひとりが力を最大限に発揮する。

NG　・会社が持つ価値を、お金や利益だけと考える。

③健康は全ての源

社員一人ひとりが最大限に力を発揮できるために、環境整備は大事です。しかし核心を突くと、全ては私たちの「健康」の状態に委ねられていると思いませんか？　人の活力や健全な精神は、健全な肉体に宿ります。第1章で紹介しましたが、**私は健康に気をつけるようになってから、一気に活力とパフォーマンス、そして成果が上がりました。**

私たちの人生において、健康は非常に重要な要素です。健康な身体と心は、私たちが幸せな人生を送るために必要不可欠なものです。身体・精神両方の健康を維持することは、私たちが行う最も重要な自己管理の一つであると言えます。

精神的な健康が損なわれることで、ストレスや心配事、不安などが引き起こされることがあります。ストレスを感じることが多い人は、長期的に心身共に健康を損なうことがあるため、ストレスを軽減する方法を見つけることが重要です。例えば、瞑想やヨガ、ストレッチ、深呼吸などの緩和的な運動を行うことが、ストレスを軽減するための良い方法の一つです。**自分に合ったストレス緩和方法を見つけることが大切です。**

また、**自分自身が望む生活スタイルを選ぶことも重要です。**自分に合った趣味を見つけたり、ストレスを感じない職場環境を選んだりすることが、ストレスを軽減するために役立ちます。

十分な睡眠を取ることは、健康を維持するために不可欠です。睡眠不足により免疫力が低下し、疾患にかかりやすくなることがあります。適切な睡眠を取ることで、身体をリフレッシュさせ、健康を維持することができます。質の高い睡眠を取るためには、就寝前にスマートフォンやパソコンを使わない、寝室を快適な空間にする、寝る前の飲食を控えることなどが大切です。睡眠の質を向上させることで、私たちの身体の機能を改善することができます。また、睡眠時間を増やすことで、肌の調子を整えたり、免疫力を高めたりすることができます。

食生活も健康に重要な要素です。バランスのとれた食事を摂ることで、身体が必要とする栄養素を摂取することができます。特に、野菜や果物などのビタミンやミネラルを多く含む食品を摂ることが健康維持に役立つとされています。また、過剰な塩分や油分を摂取することは、高血圧症や生活習慣病の原因となることがあるため、摂取量にも注意が必要です。さらに、食事の回数やタイミングも重要です。朝食をしっかり食べることで、身体のエネルギーを補給し、健康を維持することができます。また、夕食は早めに摂ること で、消化を助け、良質な睡眠を得ることができます。そして、食事を楽しむことも忘れずに！ 新しいレシピを試すなど食事を楽しむことで、健康的な食習慣を続けることができます。

さらに、**運動も健康に良い影響を与えます。**運動することで、身体を強化することができるし、ストレスを軽減することもできます。特に、有酸素運動は心臓や血管の健康を維持するために役立ちます。運動はストレスを解消する効果もあり、心身共に健康を維持するためにも、積極的に取り入れましょう。例えば、ジョギングやウォーキング、ヨガなど、自分に合った運動を続けることで、長期的に健康を維持することができます。また、運動をすることで、私たちの身体の代謝機能を向上させることができます。運動は、健康的な生活を送るための重要な要素の一つであると言えます。

健康の自己管理

社長の心がけ

健康維持できる環境をつくる。

例えば…

- 瞑想、ヨガ、ストレッチ、深呼吸などストレス緩和
- ストレスを感じない生活スタイルを選ぶ
- 睡眠・食生活・運動
- 心と身体のバランスをとる

社員の変化

社長が健康だと、
社員にも良い影響を与える。

point

- **健康に関する時間をスケジュールに入れる(タスクにしない）。**
- **健康管理を仕事の一環にする。**

最後に、健康の自己管理は、心と身体のバランスをとることが肝です。心と身体がバランス良く働くことで、健康を維持することができます。

他にも人間関係や環境など、多くの要素が絡み合うものなので、自分自身に合った方法を見つけ、健康維持に取り組みましょう。

健康であることで、より充実した人生を送ることができますし、周りにいる人たちにも良い影響を与えることができます。人生の幸福度が高まります。

継続的に取り組み、充実した人生を送りましょう。

④健康の自己管理　3つの難しさ

とはいえ、健康の自己管理は簡単ではありません。健康を維持するためには、運動や健康的な食生活を続ける必要がありますが、意志の力が必要であり、継続が難しい場合もあります。また、忙しい生活を送っている人は、運動や健康的な食事をする時間をつくることが難しいかもしれません。しかし、これらのことを実践することが、健康を維持するためには必要不可欠です。

健康の自己管理が難しい理由は、大きく分けて以下の3つが挙げられます。

1　意志の弱さや怠惰

健康にいいことはわかっていても、なかなか実践できない人は多いです。例えば、運動や食事制限を続けることが難しく、すぐに挫折してしまうことがあります。また、忙しい生活を送っている人は、自分の時間を健康のために割くことが難しく、結果的に健康を犠性にしていることもあります。このような意志の弱さや怠惰が健康の自己管理を難しくしています。そのため、**自分自身の意志を強く持ち、怠惰を克服することが自己管理には必要不可欠です。また、自分の優先順位を見直し、健康を優先することが大切です。**

2　習慣化の難しさ

健康の自己管理は、習慣化することが大切ですが、新しい習慣を身につけることは簡単ではありません。例えば、毎日運動することを習慣化するには、時間の確保や運動の方法、場所など、多くの要素を考慮する必要があります。また、習慣化するには、継続的な努力が必要です。最初は簡単なことから始め、少しずつ習慣化していくことが大切です。しかしながら、多くの人が挫折してしまうのも現実です。そこで、**習慣化するためのノウハウを学び、環境を整えることが大切です。**

3　環境の影響

健康の自己管理は環境の影響も大きいものです。健康的な食事をするためには、周囲の食事環境や社会的な制約などが影響を与えます。また、運動をするためには、運動場所や天候などの環境的な要因も関係してきます。

環境を変えることができない場合、自分自身の意志を強く持ち、健康的な生活を送ることができるように自分自身を律することが大切です。

健康の自己管理には継続的な取り組みが必要であるため、少しずつ改善することを意識していきましょう。

また、人間関係も重要です。健康的な人間関係を築くことで、心の健康を維持することができると共に、健康でいようとする意識や姿勢を支え合うことができます。人間関係を築くためには、コミュニケーション能力を向上させることが大切です。また、**自分自身の考え方や感情を理解することで、他人とのコミュニケーションもスムーズになります。**

健康の自己管理は、少しの工夫と意志の力で、誰でも実践することができます。運動や食事、ストレスマネジメント、睡眠、心と身体のバランス、人間関係など、自分に合った方法を見つけて、健康を維持しましょう。

⑤健康維持を支え合う仲間はいるか？

健康維持のためには、個人の努力だけでなく、周りの人々のサポートが欠かせません。私たちは、家族や友人と共に健康的な生活を送ることで、お互いの健康をサポートし合うことができます。健康維持には、運動や食事、ストレスマネジメント、睡眠など多くの要素があり、一人で取り組むことは難しいものです。そのため、家族や友人と共に取り組むことで、より効果的に行うことができます。

例えば、**家族で一緒に食事をする時間をつくることで、健康的な食生活を促進し、健康維持を支え合うことができます。**健康的な食生活を送ることは、健康維持において非常に重要な要素です。食事を共にすることで、家族や友人との絆も深めることができますし、子供たちが健康的な食習慣を身につけることもできるでしょう。

また、家族や友人と一緒に運動をすることで、運動習慣を継続することができ、健康的な身体を維持することができます。家族や友人と一緒にストレスを解消する方法を見つけることもできます。例えば、おしゃべりすることや、自然の中でリフレッシュすることなどが挙げられます。

健康維持に興味を持っている人たちと情報交換をすることも大切です。健康に関する情報は多岐にわたり、自分自身で全ての情報を収集することは難しいものです。健康について興味を持っている人たちと交流することで、新しいアイデアやヒント、情報を得ることができます。また、情報を共有することで、お互いに励まし合い、健康的な生活を継続することができます。

自分自身だけでなく、周りの人たちにも良い影響を与えることができ、**健康的な生活を維持することで、より幸福感のある人生を送ることができます。**

⑥健康経営とは？

「健康経営」とは、社員の健康を最優先に考え、その健康を維持・向上するための様々な取り組みを行うことです。企業にとって生産性や利益に直結するだけでなく、社員の健康に配慮することは、企業の社会的責任を果たすことにもつながります。

健康な社員は仕事に対して積極的で、生産的であると同時に、休暇や病気休職などによる欠勤が少なくなるため、企業の業務遂行においても重要な存在となります。また、健康な社員はエネルギッシュであり、創造的なアイデアを生み出すこともできます。

社員の健康が維持されることで、生産性が向上し、企業の利益にもつながり、また、社員の健康状態が良好であることは、顧客や取引先からの信頼を得ることにもつながります。

健康経営には、社員の健康管理や健康増進、ストレスマネジメント、職場環境の改善などが含まれます。社員の健康管理には、定期的な健康診断やストレスチェック、健康食品の提供などが挙げられます。健康増進には、運動や栄養管理の支援、禁煙支援などが含ま

健康経営における企業の取り組み

社員の健康管理	・定期的な健康診断 ・ストレスチェック ・健康食品の提供
社員の健康増進	・運動や栄養管理の支援 ・禁煙支援
ストレス マネジメント	・ストレスチェックの結果をもとにした個別対応 ・メンタルヘルス支援
職場環境の改善	・快適な職場環境の整備 ・労働時間の短縮
企業側の 環境づくり	・健康経営に関する情報提供 ・社員が健康的な生活を送るための支援 ・健康経営を推進することの重要性を説明する研修やセミナー実施

POINT

・短期的な取り組みではなく、長期的な視点で取り組む。
・経営陣や社員の意識改革をする。
・企業は従業員の健康を大切にし、健康経営を維持することで、社員との信頼関係を築く。

↓

結果的に

・生産性や利益の向上を実現できる。
・企業のイメージアップや社会的貢献などのメリットもある。

れます。ストレスマネジメントには、ストレスチェックの結果をもとにした個別の対応、メンタルヘルス支援などが含まれます。職場環境の改善には、快適な職場環境の整備、労働時間の短縮などが含まれます。

企業が健康経営を推進するためには、社員の健康を意識した環境づくりが必要です。具体的には、健康経営に関する情報の提供や、社員が健康的な生活を送るための支援を行うことが挙げられます。また、社員の意識向上を促すために、健康経営を推進することの重要性を説明する研修やセミナーを実施することも有効です。

健康経営を推進することによって、企業は経営の安定化や社会的貢献などのメリットを得ることができます。ただし、健康経営は短期的な取り組みではなく、長期的な視点で取り組むことが必要です。健康経営を推進するためには、経営陣や社員の意識改革が必要です。企業は、社員の健康を大切にし、健康経営を推進することで、社員との信頼関係を築き、生産性や利益の向上などを実現することができます。

最近では、健康経営の重要性が高まっており、多くの企業が積極的に取り組んでいます。健康経営を推進することで、社員の健康や生産性を向上させるだけでなく、企業のイメージアップや社会的貢献など様々なメリットを得ることができます。健康経営は、今後ますます注目されることが予想されます。

そこで、実際に健康経営を取り入れ、成功された経験のある社長さんたちにインタビューいたしました。

実践例が一番役に立つと思うので、ご紹介します。

⑦健康経営の成功事例をご紹介します

株式会社2．1

【社長の取り組み】

毎晩45分間のヨガと毎日16時間ファスティング（一定期間、食事を断つこと）。福利厚生の一環として、社員も業務委託者もオンラインヨガを実施。お酒は飲むが、日中は水とお茶のみ。ヨガ＝食事といった意識を持ち、常日頃から思い込み・信念を強化することにより、継続力をキープしています。

【なぜやろうと思ったのか？】

コロナ禍で仕事が減り、暇になったのがきっかけです。人間ドックを受けて、自分を見直す習慣をつくろうと思いました。

【やって良かったことは？】

身体が強くなり、メンテナンスが不要となりました。整体での治療は元に戻るが、ヨガは戻らない。当時患っていた四十肩もなくなり、強い身体になりました。全ては毎晩のヨガのために一日を過ごす。おかげで朝型人間となり、日中ハードワークをしても問題なし。仕事の集中力も格段に向上。

結果、1歳半の子供がいるため、毎日6～9時の間、家事・育児の時間を過ごすこともできるようになりました。家事・育児の平均時間は1日5時間。ヨガを通じて身体を毎日理解しているため、体調を崩さなくなりました。また心の器である身体が安定したことにより、仕事・育児中でも人に優しくなりました。

また意識として大事にしていることは、ヨガはマイナスを0にするということ。しかし、0からプラスは考えない。ゴルフのときも同様の意識で、プラスへの欲を出さず、0に近づくよう自分を変える。スコアよりプロセス管理です。

【経営への影響】

足腰を鍛えるのは、経営も一緒。痛みが普通になったら、良くなるわけはない。身体も経営も、状態を知ることが大事。痛みの経験こそ、人の意識を高める。**パフォーマンス重視のKPI管理ではなく、ゴルフと同様にプロセス管理に徹するようになりました。**

業務の脱属人化・成果の上げられない社員をフォローできる独自性の高いオンリーワンマニュアルを基軸に、**コロナ期間（約1年間半）の毎月1000万円の赤字から、現在250%成長で続伸中。ロコミのみの展開で、現在受注を受け切れずオーダー待ちの状態。**人事評価制度を廃止し、社員・業務委託者問わず、貢献度に応じて給与・報酬を支給。現在第10期、約50名の精鋭集団で、事業を加速させることができました。

属人化は最低限の基準。サービスの品質を求めると理念（ボトム）が共有され、そして実現される仕組み作りに成功。理念の共感は求めない。理念浸透は結果。会社の健康状態を可視化し、現在地を知ることからマニュアルを作り上げ、一貫性のある仕組みができるようになり、サービスのコアベネフィットとして発信できるようになりました。

栗山造園株式会社

【社長の取り組み】

健康経営優良法人を5年間連続で更新中。社員が会社を好きになるために、満足度の向上を常に模索。現在では、管理栄養士としての顔も持つ社長自ら「栗山通信」を発行し、健康の一口メモを毎月社員の給与明細と共に渡し、社員の食と運動について意識を増すよう働きかけをしている。

社内でのコミュニケーションを大事にし、毎年ストレスチェックも実施。現場では、運動のために鉄棒を設置し、懸垂で体を鍛えられるようにしている。喫煙者も人数が減り、あともう一歩という段階。

【なぜやろうと思ったのか？】

家族と離れ、高知から出稼ぎに来ていた社員の死がきっかけ。仕送りをするため、良く働き、夜勤もし、取引先からも表彰される頑張り屋の社員。原因は心筋梗塞。よく食べ、よく飲むことから恰幅《かっぷく》も良かった。

社員の半分以上が独り身のため、働く社員の健康を会社で支援したいという想いから、健康経営優良法人を目指すことを決意。社内でのコミュニケーションを徹底し、健康グッズも万全に準備。外注先にもプレゼントしている。

夜勤の社員は、コンビニでカップラーメンとおにぎりという食事のため、お弁当を配達したいが時間が合わない。メタボ人員も減らない。現在どうしたらいいかと、取り組みを考えている。

【やって良かったことは？】

2代目経営者として社長の座に就くものの、現場からは、業界を知らないくせにと揶揄《やゆ》される。それでも諦めず、社長自ら社員と関わり合い続け、「会社がここまでしてくれるの？」という声が上がり始め、今では頼られる存在に。**同業他社で働く社員から、羨まれるほどになり、社員も主体的に仕事をしてくれるようになった。**

【経営への影響】

コロナ禍で売上が一時的に減少するものの、**どんなときでも社長の決意は固く、必ず毎期黒字＋納税を実現している。**現在も業績向上中で、会社の雰囲気も素晴らしく、苦しいときには必ず状況も業績も回復している。

社員の健康のみならず、会社の健康（業績）管理も徹底しており、経営計画と実績の検証と課題解決に向けた改善策と行動の完遂を毎月継続している。

【社長の取り組み】

著者の佐々木さんに無理矢理ボクシングを誘われたのをきっかけに、自宅の近くで毎日キックボクシング。ミット打ちとサンドバックへの打ち込みで、自身のストレスをコントロールしている。

【なぜやろうと思ったのか?】

男の使命を磨くため。経営についても常にとどまることなく、新たな選択肢の獲得と建設的な行動、そして達成を実現させる想いを磨き続ける。

2022年7月、悪性リンパ腫の診断を受ける。最初は信じられなかったが、健診と精密検査を受けていく中で受け止める。ストレスを紛らわすために、毎晩酒を飲み漁っていた自分を振り返る。ストレスとの向き合い方が全て。運動と睡眠が重要であることを身をもって知る。

同年秋に入院。医者の指示の下、安静にしていても良くならない。生死より大事なものを見つめ直す。がん治療との向き合い方を変えるべく、心拍数を上げ、活力と運気を向上させることにフォーカスしている。

【やって良かったことは？】

内外共に、仕事やお金ばかりを求めてくる状況へのストレスのはけ口となった。**負のエネルギーを吐き出すことにより、自分が好きになれると共に、自己肯定感の向上から、嫌なことに立ち向かえる姿勢に切り替わった。**また、勘が冴えるようになる。

家族との関わり方にも変化が出て、家族から、父として「変わったよね？」と声が出る状況に。自己と家族からの承認により、現在でも毎日トレーニングを続けられている。

【経営への影響】

経営者としての役目を見つめ直すきっかけに。経営者の役目は「コミットメント」。孤独な改革を遂行し、**従来の固定費が2分の1以下へ。損益分岐点が大幅に改善する。**

事業についても、3年後に向けて準備を進める。淘汰されない会社へ変わるべく、自分たちを一度見つめ直すため、従来の事務所を閉鎖。ポスティング業界に新たな旋風を巻き起こすべく、エネルギーを増大しながら、日々内外共に信頼を獲得する経営を遂行している。

株式会社セカンドマインド

【社長の取り組み】

毎年、社員の健康と幸福を促進するために、様々な取り組みを行っている。まず1つ目は、**健康診断での血液検査。血中の栄養状態を解析し、診断結果後に栄養勉強会を行い、医療用サプリメントの配給を通じて、社員の健康への意識付けと栄養支援を行っている。また、栄養に関する情報提供も行っており、社員が自分自身の健康について理解し、自己管理できるようにサポートしている。**

２つ目は、**運動習慣の支援。**男性には、週1回、社長と一緒にボクシングジムでトレーニング。興味を持った顧問先の社長も一緒に。女性には、週1回、会社の近くのスタジオでヨガのインストラクターを招いて、ヨガを実施。

【なぜやろうと思ったのか？】

この本で書いている通り。社長は著者です（笑）。

【やって良かったことは？】

栄養に対しての意識付けが向上すると共に、栄養をしっかり摂ることにより、身体が動かせるようになる。男性は格闘技を通じて、ヤル気を促進させている。女性は、デスクワーク中は身体の血行が悪くなるので、身体を伸ばすことで血の巡りを良くすると共に、ヨガを通じて、副交感神経優位の時間をつくり、心を落ち着かせる時間を持っている。

【経営への影響】

健康経営を導入してから、セカンドマインドの業績は毎年飛躍的に成長。今後も、社員の健康と幸福を促進するために、新たな取り組みを検討していく。

また、社員の意識の向上により、スキルアップにも力を入れられるようにした。社員がスキルを習得し、自己実現できる環境を整備することで、個人の成長と企業の成長を両立させることを目指している。社内勉強会や外部研修など、多様なスキルアップ機会を提供。社員の意見を取り入れ、社員自身が企画やプロジェクトを進めることを推奨している。

さらに、**社員の生産性が向上したことにより、社会貢献活動にも取り組むことができている。**未来を創る若者の支援として、学生のカバン持ちインターンや学生起業家支援、地元の私塾で学習している大学生に向けての月1回の講演会等に参加し、社会貢献活動に積極的に取り組んでいる。

これらの企業の実践例から、企業が社員の健康維持に取り組むことが、企業の生産性や利益にもつながることがわかります。健康経営は、社員の健康を大切にすることで、企業にとって多くのメリットがあることが示唆されています。

企業が長期的な視点で取り組むことが必要ですが、それによって社会的責任を果たすことができ、社員の健康維持にも貢献します。今後も、企業が健康経営に取り組むことが増えることを期待しています。

「働く」を幸せに変える健康経営、一緒に取り組んでみませんか？

2 社長よ！社会課題に立ち向かおう

①「健康経営」の成功には、女性の存在が欠かせない

「健康経営」を実践する中で、女性の存在は最も重要。

私はこのように考えます。なぜなら、男性は「健康」に興味がないから（笑）。私を含め、一度痛い目にあった男性は健康について意識が高まると思いますが、男性ってやりたいことを真っ先にやる生き物なので、健康は二の次なんです。

健康経営が普及しない理由は、健康に対する意識の欠落であることは間違いないのですが、その大半は男性の側にあると思います。社会で活躍する女性経営者も増えてきていますが、まだまだ男性経営者が圧倒的に多い。女性が健康経営を率先してやることが、普及の第一歩だと痛感しています。そのためにも、女性がもっと活躍できる環境に整備しなくてはなりません。

女性が働きやすい環境を整備することは、社会的にも経済的にもプラスの効果をもたらします。女性が活躍することで、企業の生産性の向上につながるだけでなく、社会全体の発展にも寄与します。しかしながら、日本においては、女性の雇用機会は男性と比べて低い割合であることが課題となっています。**女性が働きやすい職場環境を整備することで、企業にとってメリットがあるだけでなく、社会全体の発展にもつながると言えます。**

では、どこに目を向ければよいでしょうか？

○女性のキャリアアップを支援しよう

女性が組織内で昇進したり管理職に就くことは、まだまだ難しい状況にあります。

現在では、女性活躍推進法が制定され、**企業においては、女性のための研修制度の整備や、女性管理職の登用など、女性のキャリアアップ支援に取り組むことが求められています。**

また、**女性が働きやすい職場環境を整備することも必要です。** 例えば、フレックスタイム制度やテレワーク制度の導入や、育児休暇の取得を促進する制度の整備などが挙げられます。女性が自信を持って働くことができるような職場環境を整備することで、キャリアアップを目指すことのできる場を提供することができます。

また、**女性活躍推進には、男性の意識改革も必要です。** 男性も、女性が働きやすい職場環境の整備に協力することで、より良い職場環境を実現することができます。

○男性も育児・家事参加を

女性が仕事と家庭を両立することは、現代社会において極めて困難であると言われています。そのため、仕事と育児や家事、介護との両立支援に取り組むことが求められています。

このような課題を解決するために、政府や企業では、育児休暇や介護休暇などの制度整備を行っています。また、時短勤務やテレワークなどの柔軟な働き方の導入も求められています。しかし、それだけでは不十分であり、**男性も育児や家事に参加することが必要で**

す。企業も男性の育児参加を奨励することで、男女共に仕事と家庭を両立できるような環境を整備することが必要です。また、女性がキャリアアップしやすい環境をつくることで、女性が仕事と家庭を両立しやすくなるような社会を目指すことが大切です。

○ワークライフバランスを大切にする

長時間労働や休日出勤が常態化している日本において、ワークライフバランスの実現は極めて重要です。**ワークライフバランスを実現するためには、残業や休日出勤の削減、ストレスチェックの実施などが有効です。**しかしながら、これらの手法だけで完全なワークライフバランスを実現することは難しいかもしれません。そのため、新たなアプローチを試みることが必要でしょう。

例えば、先にも述べた**フレックスタイム制度やテレワーク制度の導入は、社員が仕事とプライベートを両立することができるという点で有効です。**しかし、これらの制度が社員にとって十分なメリットがあるかどうかは、疑問が残ります。

社員が仕事とプライベートを両立できるような環境を整備することは、企業の生産性向上につながると言えます。例えば、ワークライフバランスのとれた社員は、ストレスが軽減されるため、より生産的に仕事ができると考えられます。また、社員が働きやすい環境を整備することで、優秀な人財を確保することもできるでしょう。

ワークライフバランスを実現するためには、従来の手法だけに頼らず、新たなアプローチを模索していく必要があります。

○女性の雇用拡大

女性の雇用においては、男性よりも低い水準にあります。しかし、女性の社会進出が進み、今後ますます女性が働くことが当たり前になる中、女性の雇用拡大には、女性採用の積極的な推進や、女性向けの職場環境整備が必要です。

また、女性が働きやすい職場環境は、男性にとってもメリットがあります。男性も家庭と仕事を両立するために、柔軟な働き方が求められているからです。

女性の雇用拡大は、単に女性が働く機会を増やすだけではありません。**女性が活躍することで、経済成長にも貢献すると言えます。**例えば、女性が活躍することで、企業の生産性が向上することが知られています。また、女性が管理職に就くことで、企業の意思決定に多様性が生まれ、より創造性に富んだ意思決定がされることが期待されます。

つまり、女性の雇用拡大は、女性自身だけでなく、企業や社会全体にとってもメリットがあると言えます。女性が働きやすい職場環境の整備は、これからの社会において大きな課題となっています。

○性別による賃金格差の解消

女性の平均賃金が男性の平均賃金よりも低いことは、社会において依然として深刻な問題です。この問題の解決には、男女同一賃金の実現や評価制度の見直しなど、多岐にわたる取り組みが求められています。しかしその一方で、**女性に対する公平な待遇を実現すること**が、社長に課せられた重要な責任です。

例えば、**女性のキャリアアップ支援や、育児や介護との両立支援が整備されることによって、女性が自分の人生を選択できるような社会を実現することが、賃金格差の解消につながると言えます。**もちろん、こうした環境整備は、社会全体の理解や協力が不可欠ですが、私たち一人ひとりが、女性の人権と尊厳を尊重し、女性が安心して働ける環境づくりに積極的に取り組むことが、未来に向けた大きな一歩となるでしょう。

○多様性の尊重

女性が働きやすい環境を整備するためには、多様性を尊重することも必要です。これは女性だけでなく、性別、年齢、国籍、障がいの有無など、様々な背景を持つ人々が働きやすい環境を整備することが求められているということです。**多様性を尊重することで、企業は社員の個性を引き出し、それぞれの能力を最大限に発揮することができます。**

さらに、多様な人財を採用することで、企業はより広い視野を持つことができ、新しいアイデアや視点を取り入れることができます。最終的には、多様性を尊重することで、企業の生産性や創造力を高めることができます。

以上のように、女性の働き方においてはまだまだ課題が残されています。企業が女性の働きやすい環境を整備することで、女性が活躍できる社会を実現することが大切です。

健康経営を実践する上で、企業が働く女性にできること

キャリアアップ支援	・女性のための研修制度の整備。 ・女性管理職の登用。 ・働きやすい職場環境の整備。 ・男性の意識改革。
育児・家事・介護との両立支援	・時短勤務、テレワーク。 ・男性の育児・家事参加への奨励。
ワークライフバランス	・残業や休日出勤の削減。 ・ストレスチェックの実施。 ・フレックスタイム制度、テレワーク制度の導入。
女性の雇用拡大	・フレックスタイム制度、育児休業制度の充実。
性別による賃金格差の解消	・女性に対する公平な待遇の実現。
多様性の尊重	・女性だけでなく、性別、年齢、国籍、障がいの有無など様々な背景を持つ人が働きやすい環境の整備。

↓

企業にとっても社会にとってもプラスの効果がある。

②日本人の健康寿命を延ばせ！

日本人の平均寿命は、世界で最も高い水準にあります。しかし、日本人の健康寿命は他の国と比べて短いことが指摘されています。健康寿命とは、健康で自立した状態を保って生活できる期間のことで、平均寿命よりも重要な指標とされています。ただ長生きするだけではなく、健康で快適な生活を送ることが大切なのです。

この問題の原因は、生活習慣病の増加にあります。**生活習慣病とは、食生活の乱れ、運動不足、喫煙、飲酒などの生活習慣が原因で発生する疾患のことを指します。**生活習慣病には、高血圧症、糖尿病、脂質異常症、肥満症、がんなどがあり、これらの病気が健康寿命の短さの原因となっています。

食生活の乱れは健康寿命の短さに大きく影響します。肉類の過剰摂取や塩分の取り過ぎ、糖分の過剰摂取、野菜不足などが、生活習慣病の発生につながっています。**健康的な**

食生活を送るためには、野菜中心の食事や魚介類の摂取、和食のようなバランスのとれた食事を心がけることが大切です。また、食事だけでなく、**栄養補助食品の利用や健康飲料の飲用なども、健康寿命を延ばすための有効な手段です。**

運動不足も健康寿命を短くする原因の一つです。日本人は歩くことが多いことから、運動不足とは言えないと思われがちですが、実際には運動不足に陥りやすい生活環境にあります。そのため、適度な運動を行うことが必要です。**運動をすることで、血流が良くなり、免疫力が高まるため、生活習慣病の予防につながります。**また、運動不足を解消するためには、ウォーキングやジョギング、スポーツなど、楽しみながら取り組めるものを選ぶことが大切です。

さらに、健康寿命を延ばすためには、ストレスを減らすことも大切です。ストレスは、生活習慣病の原因となるだけでなく、心の健康にも影響を与えます。**ストレスを減らすためには、適度な運動やリラックスする時間を確保することが有効です。また、マインドフルネスなどの瞑想法や、趣味や興味を持つことなども、ストレスを軽減するための方法として有効です。**

健康寿命を延ばすためには、個人レベルでの生活習慣の改善だけでなく、社会的な取り組みも必要です。政府や自治体は、生活習慣病の予防啓発活動の強化や、健康的な生活を送るための環境整備などを行う必要があります。また、**企業も、健康増進のための支援策や環境整備を行うことが求められます。さらに、健康寿命を延ばすためには、専門家のアドバイスを受けることも大切です。医師や栄養士、トレーナーなど、専門家の知識や経験を活用することで、より効果的な健康寿命の延伸が可能となります。**

このように、健康的な食生活、運動、ストレスの軽減などを実践することで、健康寿命を延ばすことができます。しかし、この問題を解決するためには、個人だけでは不十分であり、社会的な取り組みや政策の変革が必要です。政府や自治体、企業などが、積極的に対策を講じ、健康増進に取り組むことで、より健康な社会を実現することができます。

③どうする？　止まらない医療費・社会保障費

〈急増する医療費と社会保障費を救うのは、「健康」〉

日本の医療費と社会保障費が年々増加しているのは、高齢化社会の進展に伴うものです。これらの費用の増加により、国の財政が逼迫し、国民の負担も増大しています。

近年、日本の社会保障費は、ＯＥＣＤ加盟国の中で最も高く、ＧＤＰに対する社会保障費の割合も高水準にあります。高齢化に伴い、年金支出や医療費、介護費などが増加しており、少子高齢化により、労働人口の減少が問題となり、社会保障費の増加に対応することが困難になっています。

加えて、日本の医療費もＯＥＣＤ加盟国の中で最も高く、ＧＤＰに対する医療費の割合も高水準にあります。医療技術の進歩に伴い、高度で複雑な医療が必要になるケースが増えています。また、慢性疾患の増加や高齢者の医療需要の増加も、医療費増加の要因となっています。

これらの問題に対処するためには、医療制度や社会保障制度の見直しが求められていま す。医療・介護従事者の確保や育成、労働環境の改善も重要です。予防医療の充実や健康寿命の延伸など、個人や社会全体で取り組むことも必要です。

具体的には、医療制度においては、診療報酬の見直しや医療技術の進歩に合わせた医療費の効率的な削減、また、介護保険制度においては、地域包括ケアシステムの充実や介護報酬の見直しによる財源確保が必要です。

さらに、健康寿命を延ばすためには、生活習慣病の予防や、早期発見・早期治療の重要性が高まっています。具体的には、定期的な健康診断やスクリーニング検査、適度な運動やバランスのとれた食事、禁煙などが挙げられます。

また、**企業においては、健康経営が注目されています。**健康な社員が働くことで、効率的な業務が行われ、生産性が向上することが期待されます。また、社員の健康に対する意識が高まることで、企業の社会的責任を果たすことができ、企業の信頼性が向上し、消費者や投資家からの支持を得ることができます。

健康経営の一例としては、前に述べたように定期的な健康診断の実施や健康相談制度の充実、ストレスチェック制度の導入、健康づくりに関するセミナーやイベントの開催、健康食品の提供などが挙げられます。

以上のように、日本の医療費と社会保障費の増加には様々な要因がありますが、医療制度や社会保障制度の見直し、予防医療の充実、健康寿命の延伸、健康経営の取り組みなど、様々な施策を実行することで、この問題に対処することができます。**私たち一人ひとりが、健康的な生活習慣を実践することで、この問題を解決する手助けとすることができます。**

〈生涯現役で行こう！〉

○生涯現役化の必要性

高齢化社会を乗り切るための重要な取り組みの一つが、生涯現役化です。生涯現役とは、**高齢者が働きながら社会に貢献し続けることができる環境を整備することを指します。**これによって、人手不足を解消することができ、社会保障制度の負担軽減につながるとされています。

生涯現役化の取り組みは、個人だけではなく、企業や地域社会、政府も関わってくるものです。企業は高齢者が働ける職場環境を整備することで、人手不足を解消することができます。また、地域社会は、高齢者が生きがいを持って暮らせる環境を整備することで、生涯現役化を促進することができます。さらに、政府は社会保障制度の見直しや法制度の整備などを行うことで、生涯現役化の取り組みを促進することができます。

○生涯現役化のメリット

生涯現役化には、様々なメリットがあります。例えば、高齢者が長く職場に残ることで、企業にとっての人材不足や人員の流出を防ぐことができます。また、高齢者が働くことで、年金や医療費、介護費などの社会保障費の負担を軽減することができます。

生涯現役化が浸透することで、社会全体の発展につながると言えます。高齢者が働くことで、社会参加の実現や健康的な生活を送ることができます。また、高齢者の経験値やノウハウを活かすことで、企業は競争力を高めることができます。具体的には、高齢者の意見を取り入れた商品開発や、高齢者向けのサービスの提供などがあります。そのため、生涯現役化は、高齢者、社会、そして企業にとって、多くのメリットがあると言えます。

最近、生涯現役化は、世界的なトレンドとなっています。日本でも、生涯現役化はますます重要なテーマとなってきています。これからも、生涯現役化を推進し、高齢者にとって働きやすい環境の整備や、若年層にも雇用機会が確保される社会の実現に向けて、取り組みが進められることでしょう。

○生涯現役化の課題

生涯現役化の実現に向け、課題も存在します。高齢者の就労環境の整備が不十分であること、また高齢者が働くことに対する社会的な認識が不十分であることなどです。高齢者は一定の能力を保持しており、その能力を十分に発揮することができます。高齢者が働くことは、高齢者自身にとっても、地域社会や国家にとっても、大きな恩恵をもたらすことができます。

さらに、高齢者が健康を維持するための情報が不足していることも、課題の一つです。情報の不足により、高齢者は健康を維持することができない場合があります。そのため、健康に関する情報を提供することが求められています。

高齢者によっては、身体的・精神的な変化への適応が難しいこともあり、その場合は個別の支援を提供することが必要とされます。

○生涯現役化の実現

高齢者が生涯現役化を実現するには、様々な取り組みが必要です。まず、**高齢者自身が健康な身体と心を維持することが大切です。**適度な運動やバランスのとれた食事、ストレスの軽減などが健康づくりに有効です。高齢者が健康であることは、生涯現役化の基盤となると言えます。

また、**高齢者が働きやすい環境を整備することも重要です。**柔軟な働き方やキャリアアップ支援、高齢者向けの職業訓練などが、高齢者の生涯現役化を促すことにつながります。こうした支援策により、高齢者は自分たちの能力を最大限に発揮することができ、社会に貢献することができます。

しかし、生涯現役化は、働くことだけでは実現できません。**高齢者が地域社会に参加することも重要です。**地域のボランティア活動や趣味のサークル、学習塾などに参加することで、高齢者は社会とつながりを持つことができます。地域の祭りやイベントに参加することも、高齢者にとって貴重な体験となるでしょう。また、高齢者が自分たちの経験や知識を活かし、若い世代に伝えることもできます。こうした交流により、地域全体が活気づき、高齢者もやりがいを感じながら生涯現役を実現することができます。

高齢者が社会参加するには、地域社会の支援が欠かせません。自治体やＮＰＯ団体が、高齢者向けのイベントや講座、交流会などを開催することで、高齢者は社会とのつながりを持ち、積極的に社会参加することができます。政府も、地域社会が高齢者に対して支援するための施策を積極的に行うことが求められています。地域社会全体が協力して、高齢者が生涯現役を実現することができるよう、支援していくことが必要です。こうした取り組みにより、高齢者は豊かな生活を送り、社会に貢献することができます。

生涯現役化は、日本は待ったなしの状態。多くの社会問題を抱えると共に、それらの社会問題を国民全員で解決していかなくてはなりません。今まで問題を先送りにしながら、若い人にツケを回してきましたが、現実から目を背けてはなりません。私たちは何を大事にして生きていくべきなのか。次の章で提起したいと思います。

第3章

これからの時代を生き抜く

1 事業は人なり

①人間第一主義

松下幸之助氏の「事業は人なり」という言葉があるように、事業は適切な人を得て初めて発展していくものです。商品やサービスを提供するためには社員が必要です。つまり、**社員が幸福であることが、事業の成長と繁栄につながるということです。**

社員が幸福であることは、事業にとって大きなメリットがあります。社員が幸福だと生産性が向上し、仕事に対するモチベーションが高まります。社員が仕事に対して積極的であることは、事業の成長にとって非常に重要な要素であり、社員の幸福が事業の成功につながると理解されています。

また、**社員が幸福であることは顧客にとっても良い印象を与え、顧客満足度が向上し、顧客ロイヤルティが高まることが期待できます。**そして顧客ロイヤルティが高まると、顧客のリピート率が向上することも期待できます。社員の幸福は、事業にとって非常に重要な要素であると言えます。

そのためには、**人間第一主義を掲げ、社員の幸福を追求することが大切です。**社員の幸福を追求するためには、適切な待遇や福利厚生を提供すること、社員の個性を尊重し、彼らが自己実現を追求できるような環境を整備することが重要です。それによって、社員は自らの力を存分に発揮し、事業に貢献することができます。

社員の幸福を追求することは、企業の社会的責任を果たすことにもつながります。企業は、社会に貢献することが求められています。そのため、社員の幸福だけでなく、社会全体の幸福を追求することが求められます。人間第一主義を掲げることで、社員の幸福を追求するだけでなく、社会全体の幸福を追求することができ、企業を取り巻く環境の変化にも柔軟に対応することができます。

このように、社員が幸福であることは、企業にとっても社会にとっても大きなメリットとなります。

例えば、**社員が幸福であることで、企業は人財獲得の競争力を高めることができます。**社員が幸福である企業は、魅力的な企業として認知され、優秀な人材を獲得することができます。また、**企業は社会的信頼性を高めることができ、企業のブランド価値を向上させることができます。**

社員が幸福であることは企業のイノベーションにもつながります。社員が幸福であることで、彼らはより創造的なアイデアを生み出すことができ、そのアイデアが事業の成長につながります。企業にとって大きなアドバンテージとなることでしょう。

社員の幸福を追求するためには、企業は社員の声を聴くことが重要です。社員が自分の意見を述べることができる環境を整備することで、自分たちのアイデアを出し、企業にとってプラスになることを行っていきます。

②企業は学校、社会の救済装置

企業には、社会的責任を果たすことが求められています。これは、単に商品やサービスを提供して利益を追求するだけではなく、社会に貢献することが重要であるということを意味します。これは、企業は社会の一員であり、社会全体の発展に貢献することで企業自身の発展にもつながるということです。

具体的には、以下のような方法があります。

○社会の経済的基盤の支援

企業は、商品やサービスを提供することにより、市場の拡大や雇用の創出を通じて、社会の経済的基盤を支えています。これは企業が社会に貢献し、社会全体の発展に貢献していることを示しています。

○救済装置としての役割

企業は、地域社会や社会的弱者、不遇な立場にある人々を支援することで、救済装置としての役割を担っています。例えば、自然災害や社会問題に対する支援活動を行うなどです。

○学校としての役割

企業は、社員に対して教育や研修を行うことで、社員のスキルアップやキャリアアップの場を提供し、個人の成長に貢献します。

また、企業が社会に提供する商品やサービスを通じて、社会に貢献することもあります。例えば、環境に配慮した商品やサービスを提供するなどです。

○社会的貢献活動の実施

企業は、社会的貢献活動を通じて、社会に貢献することもできます。例えば、地域イベントの開催やボランティア活動の実施などがあります。また、社会問題に対する解決策を提案することも、社会的貢献活動の一環として重要です。これらの活動によって、企業は社会との関係を深め、社会的責任を果たすことができます。
企業の信頼性が向上することで消費者や投資家からの支持を得るなど、企業自身の発展にもつながります。また、社員や関係者が社会貢献活動に参加することにより、モチベーションの向上や組織の一体感醸成にもつながります。

日本型経営においては、「拝金主義からの脱却」という視点が重視されます（次項参照）。企業は、単に利益追求ばかりに注目するのではなく、社会的責任を果たすことが重要であるという考え方です。企業は、社会に貢献することで、社会全体の発展に貢献し、企業自身の発展にもつながるということを認識する必要があります。

健康経営は企業が社会的責任を果たす方法の一つとして注目されています。健康経営においては、社員の健康を重視し、社員のモチベーション向上や生産性向上につながる環境づくりを行います。健康経営に取り組むことで、企業は社会的責任を果たすだけでなく、企業自身の発展にもつながります。

さらに、企業はＳＤＧｓ（持続可能な開発目標）にも注目すべきです。ＳＤＧｓは、世界的に共通の目標として、社会や地球環境の課題を解決することを目指したものです。ＳＤＧｓを取り入れることで、社会的責任を果たし、企業自身の発展にもつながります。

企業は、社会的責任を果たすことによって、社会との関係を深め、企業自身をさらに発展させることができます。社会的責任を果たすために、企業は様々な取り組みを行い、社会の信頼を得ることが求められます。企業は、社会に貢献することで、社会全体の発展に貢献し、企業自身の発展にもつながるということを是非忘れないでください。

元々私たちの国は、「人」を大事にしてきました。戦後以降、欧米諸国の合理主義を植え付けられて、日本人の素晴らしき文化・哲学は消え失せてしまうのでは？　と危惧しています。私たちは何を取り戻すべきなのか、次の項で触れてみたいと思います。

2 日本型経営

①拝金主義からの脱却

日本が拝金主義から脱却するためには、社会全体での取り組みが必要です。特に、企業が社会的責任を果たすことが重要です。現在の日本では、拝金主義が強く、企業も利益追求にばかり注力し、社会的責任を軽視しているケースも見受けられます。**企業が社会的責任を果たすためには、社会全体で意識改革が必要です。**

社会全体での意識改革が必要な理由は、企業の社会的責任が単に利益追求のためだけでなく、社会全体の発展に貢献することが期待されるためです。**社会的責任を果たすこと**

で、**企業の信頼性が向上し、消費者や投資家からの支持を得ることができます。**また、社員の幸福を追求することで、生産性が向上し、顧客満足度が向上することも期待できます。そして、事業の成長に伴い、企業自身が社会に還元できるようになります。

具体的には、前にも書きましたが、健康経営やSDGsへの取り組みが挙げられます。健康経営に取り組むことで、社員のモチベーション向上や生産性向上につながる環境づくりや、社会的課題の解決、環境問題への取り組みなど、社会に貢献することも可能となります。企業は社会的責任を果たし、企業自身の発展にもつながることが期待されます。SDGsは、国連が掲げる持続可能な開発目標であり、企業が社会的責任を果たす上での指針となります。

政府も、社会保障制度や労働環境の改善などを進めることで、社会の貧困や格差解消に取り組むことが求められています。政府が社会保障制度や労働環境の改善を進めることで、企業は社会的責任を果たしやすくなり、社会全体の発展に貢献することができます。

個人や地域社会も、社会的責任を果たすことが求められます。例えば、環境に配慮した生活を送ることや、地域のイベントに参加することなどが挙げられます。個人や地域社会が社会的責任を果たすことで、社会全体の発展に貢献することができます。企業や個人などがそれぞれに違うため、社会的責任を果たすための取り組みは多様であることが求められます。

以上のように、日本が拝金主義から脱却するためには、社会全体で取り組みや、長期的な視野での社会的責任の果たし方を考えることが必要です。結果的に企業や社会の発展につながります。

②健康経営が取り戻すもの

健康経営に取り組むことで、社員の健康が改善され、生産性が向上することが期待されます。健康経営を推進するためには、企業が積極的に取り組む必要があります。健康経営に取り組むことで、社員の健康状態を把握し、改善策を提供することができます。例えば、健康診断の充実や健康管理に関する情報の提供、健康的な食事や運動の推奨などが挙げられます。これにより、社員が健康な状態を維持し、仕事に集中し、高いパフォーマンスを発揮することができます。

また、健康な社員はストレスを軽減し、メンタルヘルスを維持することができます。職場のストレスが原因で精神的な疾患が発症することもありますが、健康経営に取り組むことで、ストレスを軽減することができます。また、健康経営に関する情報提供や健康的な食事や運動の推奨により、社員のメンタルヘルスを維持することができます。これにより、生産性が向上することが期待されます。さらに、社員のモチベーション向上や職場環境の改善、離職率の低下、採用時の優秀な人材の獲得につながることが期待されます。これらの取り組みにより、企業は自身の成長と発展を促進することができます。

また、社会的課題の解決や環境問題への取り組みなど、社会に貢献することも可能となります。健康経営を通じて、企業は自己の事業活動に責任を持ち、社会貢献を果たすことができます。

さらに、企業は仕事とプライベートのバランスをとることができるようになります。社員が仕事とプライベートを両立しやすくなることで、ストレスが減り、生産性が向上することが期待されます。また、健康経営に取り組むことで、働き方改革にもつながります。企業は働き方改革を進めることで、社員のワークライフバランスの改善や、ダイバーシティの推進、女性の活躍促進などにも取り組むことができます。

日本は、高齢化が進む中で、健康寿命を延ばすことが求められています。健康経営は、社員の健康を守り、生産性を向上させることで、企業と社会の双方にメリットをもたらすことが期待されます。政府も、健康経営を支援する施策を進めることで、企業の健康経営の促進を図ることが求められています。そして、企業や市民団体、地域社会が協力して、健康経営を推進することで、社会全体の健康増進や経済成長につながることが期待されます。

以上のように、**健康経営は、企業と社会の双方にメリットをもたらす重要な取り組みであり、今後も注目が集まることが予想されます。**健康経営の促進により、企業と社会が協力して、健康的な職場環境を実現することが望まれます。企業は、健康経営に積極的に取り組むことで、社員の健康と幸福感を向上させ、自己の事業活動に責任を持ち、社会貢献を果たすことができます。

おわりに

中小企業は、日本経済を支える重要な役割を担っています。日本経済の大部分を担っている中小企業は、大企業に比べて柔軟性やスピード感を持っており、地域に密着してビジネスを展開することができます。そのため、中小企業は地域の雇用創出や活性化に大きく貢献しています。また、中小企業がイノベーションを生み出し、大企業との競争力を向上させることで、日本経済全体の成長にも貢献しています。中小企業の存在は、日本の経済にとって重要であると言えます。

私たちは、中小企業の発展を応援しています。

ただし、中小企業は、大企業に比べて資金調達が難しいなどの課題を抱えています。特に、コロナ禍の影響を受けた中小企業にとっては、厳しい経営環境が続いています。そのため、中小企業の成長を支援することが、日本経済の復興と成長にとって重要な課題となっています。

中小企業の成長を促進するために、政府や金融機関、大企業などが協力することが求められます。政府は中小企業への支援策を進めることで、中小企業の成長を促進することができます。例えば、中小企業のビジネスチャンスの拡大や、資金調達の支援、海外展開の支援などが挙げられます。金融機関は中小企業向けの融資を行うことで、中小企業の資金調達を支援することができます。大企業は中小企業との協業や技術移転などを通じて、中小企業の成長を支援することができます。お互いに協力し合って、中小企業をより良くサポートしてほしいものです。

中小企業の成長支援が、日本経済の復興と成長にとって重要な役割を果たしていることは明らかです。中小企業自身も、イノベーションを生み出すことで、日本経済の発展に貢献することが求められます。今後も、中小企業の成長支援に注力し、中小企業が活躍することで日本経済が発展することを期待します。

ワンマン経営は、社長自身が自分のビジョンを持ち、自らの手でビジネスを展開することです。これは、中小企業にとって重要な経営手法の一つです。社長自身が企業をリードし、積極的にビジネスを展開することで、企業の成長を促すことができます。もちろん、ワンマン経営にはリスクもあります。ワンマン経営は、社長自身が全てを背負っているため、社長自身のリスクマネジメント能力の向上に努めることが必要です。

ワンマン経営においては、社長は自分のビジョンを持ち、そのビジョンを実現するために、自らの手で行動することが必要です。また、社長は企業の戦略を立案し、社員をまとめることが求められます。社長自身がリーダーシップを発揮し、社員を鼓舞し、企業の成長を促すことが大切です。

さらに、社長自身がビジネスを展開することが求められるため、幅広い業務に対応する必要があります。営業やマーケティング、人事や経理など、多岐にわたる業務をこなすことが求められます。そのため、社長は自らのスキルアップに努め、幅広い知識やスキルを身につけることが必要です。

最近は、ＩＴ技術の進歩により、中小企業でもデータを活用した分析やマーケティングが可能になってきています。ワンマン経営であっても、ＩＴ技術を活用することで、業務効率の向上や新しいビジネスモデルの構築が可能になります。そのため、社長はＩＴ技術を積極的に活用し、ビジネスの成長を促すことが求められます。

さらに、ワンマン経営を成功させるためには、社長自身が自分の強みと弱みを正確に把握し、自分の強みを最大限に活かすことが必要です。また、社長自身がコミュニケーション能力を高め、従業員とのコミュニケーションを密にし、従業員のモチベーションを高めることも重要です。

○私たち中小企業が変われば、「日本」を取り戻すことができます。
○中小企業の変化と成長は、社長が全責任を担っています。
○健康が全て。ここにこだわれば自然に活力が生まれます。
○社長と社員が健康であれば、あらゆる困難を乗り越えられます。
○社長と社員の健康を追求すればするほど、働く幸福度は上がります。

皆さん、是非「健康」に徹底的に向き合ってください。そして、次世代により良い未来をつなぐために、一緒に豊かな国づくりを進めましょう！

2024年6月

佐々木 隆之

著者プロフィール

佐々木隆之（ささき・たかゆき）

一般社団法人日本健全経営協会　代表理事
株式会社サステナキャピタル　代表取締役
株式会社セカンドマインド　代表取締役
佐々木隆之税理士行政書士事務所　代表税理士・行政書士
独立行政法人中小企業基盤整備機構　起業家教育協力事業者

1979年浅草生まれ。2002年に立教大学観光学部を卒業後、大手旅行会社に就職。営業として活躍後、2005年に税理士を目指すべく退職。税理士資格試験の勉強をしながら実務の修業を6年積む。

2011年5月に税理士登録。2013年3月に株式会社セカンドマインド、2013年4月に佐々木隆之税理士事務所を設立。2017年に脳梗塞が発見され、健康的な生活を徹底する。奇跡的に脳梗塞が消え、健康が幸せな人生を創造すると確信。2021年7月に一般社団法人健康経営協会（現：日本健全経営協会）設立。2023年8月に株式会社サステナキャピタルを設立。

これまでに「健全経営支援」「財務コンサルティング」「税務申告・相談」に携わること500社以上。企業理念「100年続く企業へと　共に歩む」の実現を従業員と共に目指している。
日本の社会問題である「企業の後継者不在」に立ち向かうべく、健全経営の普及と若者の起業支援に尽力している。

●読者限定特典●

金融機関からの評価を知る「AI財務診断」を、無料で診断します。
下記のページにアクセスし、必要事項を入力して、送信ボタンを押してください。
https://x.gd/lV66p

装丁デザイン／宮澤来美（睦実舎）
本文デザイン／白石知美、安田浩也（システムタンク）
イラスト／小瀧桂加
校正／永森加寿子
編集／小関珠緒、蝦名育美

「健康経営」の教科書

初版1刷発行 ● 2024年6月21日

著者

佐《さ》々《さ》木《き》 隆之《たかゆき》

発行者

小川 泰史

発行所

株式会社Clover出版
〒101-0051 東京都千代田区神田神保町3丁目27番地8 三輪ビル5階
Tel.03(6910)0605 Fax.03(6910)0606 https://cloverpub.jp

印刷所

モリモト印刷株式会社

ISBN978-4-86734-217-6 C0034

本書の内容に関するお問い合わせは、info@cloverpub.jp宛にメールでお願い申し上げます